大家小书
译馆
01

Black and White

书的故事

[苏]伊林－著
张允和－译

M. Ilin

北京出版集团公司
北 京 出 版 社

图书在版编目（CIP）数据

书的故事／（苏）伊林著；张允和译. — 北京：北京出版社，2017.5
（大家小书. 译馆）
ISBN 978-7-200-11750-9

Ⅰ. ①书… Ⅱ. ①伊… ②张… Ⅲ. ①图书史—世界 Ⅳ. ①G256.1

中国版本图书馆 CIP 数据核字（2015）第 307924 号

选题策划：高立志　王忠波
责任编辑：王忠波
责任印制：宋　超
装帧设计：左左工作室

·大家小书·译馆·
书的故事
SHU DE GUSHI
［苏］伊林　著　张允和　译
*
北京出版集团公司 北京出版社 出版
（北京北三环中路6号）
邮政编码：100120
网 址：www.bph.com.cn
北京出版集团公司总发行
新华书店经销
鸿博昊天科技有限公司印刷
*
880毫米×1230毫米　32开本　4印张　87千字
2017年5月第1版　2017年5月第1次印刷
ISBN 978-7-200-11750-9

定价：30.00元
如有印装质量问题，由本社负责调换
质量监督电话：010-58572393

总　序

刘北成

“大家小书”自2002年首辑出版以来，已经十五年了。袁行霈先生在“大家小书”总序中开宗明义：“所谓‘大家’，包括两方面的含义：一、书的作者是大家；二、书是写给大家看的，是大家的读物。所谓‘小书’者，只是就其篇幅而言，篇幅显得小一些罢了。若论学术性则不但不轻，有些倒是相当重。”

截至目前，“大家小书”品种逾百，已经积累了不错的口碑，培养起不少忠实的读者。好的读者，促进更多的好书出版。我们若仔细缕其书目，会发现这些书在内容上基本都属于中国传统文化的范畴。其实，符合“大家小书”选材标准的非汉语写作着实不少，是不是也该裒辑起来呢？

现代的中国人早已生活在八面来风的世界里，各种外来文化已经浸润在我们的日常生活中。为了更好地理解现实以及未来，非汉语写作的作品自然应该增添进来。读书的感觉毕竟不同。读书让我们沉静下来思考和体味。我们和大家一样很享受在阅读中增加我们的新知，体会丰富的世界。即使产生新的疑惑，也是一种收获，因为好奇会让我们去探索。

“大家小书”的这个新系列冠名为“译馆”，有些拿来主义的意思。首先作者未必都来自美英法德诸大国，大家也应该倾听日本、印度等我们的近邻如何想如何说，也应该看看拉美和非洲学者对文明的思考。也就是说无论东西南北，凡具有专业学术素养的真诚的学者，努力向我们传达富有启发性的可靠知识都在“译馆”搜罗之列。

“译馆”既然列于“大家小书”大套系之下，当然遵守袁先生的定义：“大家写给大家看的小册子”，但因为是非汉语写作，所以这里有一个翻译的问题。诚如“大家小书”努力给大家阅读和研究提供一个可靠的版本，“译馆”也努力给读者提供一个相对周至的译本。

对于一个人来说，不断通过文字承载的知识来丰富自己是必要的。我们不可将知识和智慧强分古今中外，阅读的关键是作为寻求真知的主体理解了多少，又将多少化之于行。所以当下的社科前沿和已经影响了几代人成长的经典小册子也都在“大家小书·译馆”搜罗之列。

总之，这是一个开放的平台，希望在车上飞机上、在茶馆咖啡馆等待或旅行的间隙，大家能够掏出来即时阅读，没有压力，在轻松的文字中增长新的识见，哪怕聊补一种审美的情趣也好，反正时间是在怡然欣悦中流逝的；时间流逝之后，读者心底还多少留下些余味。

2017 年 1 月 24 日

译者序言

张允和

人类是奇迹的创造者。可是在他们所创造的许多奇迹之中，什么东西是最珍奇呢？是飞机、潜艇、火车？是无线电话、有声电影、传真术？是各种骇人听闻的军器？

不，全不是的。最珍奇的奇迹是一件我们所认为最平常的东西——书。

这里所说的书，可以是一串贝壳，一块石头，一方泥砖，一张皮革，一片草席，一卷丝绸，或一册以纸订成的我们所谓的书。任凭它的形式有九九八十一变，它的作用都是相同的——记录人类的生活。

人类为什么能为奇迹的创造者？因为人类能把各时代的生活经验堆积起来作为创造奇迹的基

础，猴子的子孙不能利用它们祖先的经验，所以现在的猴子不会比从前的猴子聪明得多。人类却能依赖记录把一代一代的智慧如金字塔般层层叠起，所以后辈能胜前辈，文化能不断地前进。

这些智慧的记录是藏在哪里的呢？——书里！因此，我们所认为最平常的东西的书，事实上却是最珍奇的奇迹。

在现在所谓文明社会里，一个孩子到了三岁就要开始看图画书了。从此之后，在十几年的学校生活中，几乎把整个身体埋在书里，出了学校，固然和书或许疏远一些，但在比较进步的社会里，人们是没有一天可以离开书的。然而我们虽天天对着那线装或洋装的纸做的书，却不知道书在过去曾经过了几千年的演变，才形成今日的样儿，这无异只知道在花间飞舞的是蝴蝶，而不知道会爬的小青虫和伏着不动的蛹是它的前身。这本《书的故事》告诉我们说：书的观念不是那么狭窄，书的价值也不是那么简单。书的生活中，有喜剧，有悲剧，有冒险的事迹，有悲惨的遭遇，更有最美丽的轶事。它有时穿着雄伟的金装，受人们礼拜；有时被弃在尘垢之中，视同废物；有时默然在黑暗的地窖中度那悠久的岁月，有时忽然走出光明，诉述给我们古昔的可珍可贵的史实。

书给人们以智慧，可是愚蠢的人们，有时竟对它拒绝。这样便造成了书和人的战争。有时，书失败了，于是它被灾受刑，读书的人也被杀死或惩罚。可是隔了几时又重新战胜了它的敌人，从躲藏着的破瓦碎砾中走了出来，再作殿堂上的宝物。人类的可歌可泣的故事，记录在书里，书自己也有它可歌可泣的故事，记录在这本《书的故事》里。书是智慧的保姆，正义的战士。让我们读书，让我们先读《书的故事》。

本书作者伊林，是一位有名的少年读物作家。他的作品在欧洲各国都受少年读者的热烈欢迎。在中国也已有了很好的印象。我希望这本书能不因我的译笔拙劣而减少读者的欣趣。本书翻译时，承周耀平先生给我许多指教，在此附志谢意。

目 录

上 卷

下 卷

上 卷

PART 1

第一章

活的书

最古的一本书是怎样的一个样儿？是印刷的还是手写的？是纸做的还是拿别的东西做的？假如这本书还存在着，现在是藏在哪一个图书馆里？

据说，从前真的有一个傻子，他寻遍了全世界的图书馆，想找出这本最古的书。他日复一日在生了霉泛了黄的旧书堆里找寻。他的衣服和鞋上厚厚地蒙上了一层尘灰，好像曾在多尘灰的路上走了许多里路一般。最后他从靠在书架上的一张长梯上跌下而死了！可是，就是他再多活一百年，他的找寻也不曾有什么结果。因为最古的一本书在他生出之前几千年就早已腐烂于地下了。

最古的书和现在的书是完全不同的。它有手有足，它并不卧在书架上。它能说话，甚至还能唱歌。简言之，它是一本活的书，一本“人书”。

古代的人们不会写字，可是他们的记忆力比我们强。有些古人真是活的书。他们能讲关于古代的许多珍奇故事。

这些故事是在他们幼年时期人家讲给他们听的，讲故事的人死了，可是故事不断地流传下去，由父传子，由祖传孙。从一个人的口中传到另一个人的口中，这时候故事就渐渐变化了。一部分增加了，一部分又遗忘了。久长的时间把故事修琢润色，正如不息的流水把石块磨光一样。例如，勇敢酋长的故事会渐渐变成巨人的神话，说这个巨人不怕箭和枪，会变成一只狼在森林里漫游，或变成一头鹰在空中飞翔。

今日世界的偏僻地方，还有能讲故事的老年人，他们所讲的巨人神话是未尝以文字写录下来的。

在很古的时候，希腊人最喜欢唱《依里亚德》（*Iliad*）和《奥狄赛》（*Odyssey*），这是两篇希腊人和特洛亚人（Trojans）的战争故事，那时这些故事还没有被写定下来。

一个歌人——希腊人叫他为aëdos——是常常被欢迎为筵

希腊的歌人

席上的贵客的。他靠着高柱而坐，他的竖琴高挂在头边的钉上。及至筵席已终，鱼肉将尽，金樽既撤，座客皆醉，于是大家开始请这位歌人唱歌了。这位歌人取下他的竖琴，拨动琴弦，徐徐讲出多谋的奥狄赛王或善战的阿契利（Achilles）的伟大故事。

歌人的歌是好的，而我们的书更好。花几角钱我们就可买到一册依里亚德的书，它还便于装进我们的衣袋里去，既不要吃饭或酒，又永远不会病或死。

这使我想起一个故事。

一个活图书馆的故事

从前在罗马有一个财主，他的名字叫伊得利（Itellius）。许多惊人的故事讲到他的无限量的财富。他的宫殿非常广大，可以容纳全城的人民。每天有三百人左右陪他吃饭，这些人都是罗马的名人和学者。餐桌不止一张，有三十张之多，都盖着美丽的金黄锦绣桌毯。

伊得利以最珍美的食品飨宴他的宾客，可是那时候款待宾客的习惯，须于可口的食物之外，还要有趣味与机智的谈话。那时已有了手抄的书籍了。人们往往费许多时间在读书上，为了将来在宴会席上能够讲出趣味的故事和机智的谈话以博得座客赞美。

伊得利对于任何财物都十分充裕，所缺的只是一样东西——教育。他几乎连阅读的能力也没有，和他同餐的人们常常窃笑他。他不能在席上发言。他说出一句话，人家就要忍不住笑的。

这种情形对于他是很难堪的。可是他又没有耐心对着一本书久坐，因为他向无刻苦做事的习惯。他沉思许久想求一个补救的办法，最后他想出了一个方法。他命令他的家宰，于他的众多的奴隶之中选出最敏慧而最有教养的二百人，叫每一个熟读一本书，例如一个人熟读《依里亚德》，另一个人熟读《奥狄赛》。

这是那位家宰的一桩困难工作。他不知道把奴隶们鞭挞了多少次，然后才得实现伊得利的命令。可是现在伊得利自己可以不必读书了，因为他已有了一个活的图书馆。在宴会席上，到了谈话的时候，他只要指挥他的家宰，从默然排列在墙角边的许多奴隶中唤出一人背诵一段适当的文句。奴隶们以所熟读的书名为名字，例如依里亚德、奥狄赛、伊尼德（Aeneid）等等。

伊得利非常愉快，他的活图书馆成了罗马的话题，可是他的满意不久就消失了。有一天，发生了一件事情，这位无智的财翁竟成了全城的笑柄。

筵席终了之后，照例谈话集中于各种学问的讨论。他们谈到古代宴会的习惯。

“关于此事，在《依里亚德》中有一段有名的记载。”伊得利说，说完就指挥他的家宰叫依里亚德背诵这一段文句。

可是这位家宰不去指挥那奴隶而跪了下来，以战栗的声音说：

“主人，请你原谅！依里亚德今天生着病呢！”

伊得利的活图书馆

这是两千年以前的事情。在今日，我们虽然已有了许多图书馆，可是仍不能没有活的书。

假如我们从书中可以学得任何事物，我们就不用进学校了，我们也不用请教师讲解了。你不能把问题问书，可是你可以请教师把你所不懂的事情解释给你听。

活的书对于我们还是有用的，但活的信已是没有需要了。在古代，人们不会写字，当然也没有定期邮差。遇有重要的消息需要传达的时候，他们就差遣一个传言者，叫他把告诉他的话逐字背诵传达。

假如我们也废邮差而代以传言者，情形就将怎样呢？恐怕没有一个人能够每天熟记几百封信吧。就算有这样的人，事情也一定不会办得好。譬如，说有这样的一个邮差在约翰·斯密的生日走到他的家里。主人自己出来开门迎接他。

“什么事？”

“我送来一封信。信中是这样说：

“亲爱的斯密先生：

“恭贺你的生日。你结婚很久了吗？今天十二点钟请你到法庭上去。我希望你能常常来看我们……”

约翰·斯密一定将惊惶得不知说了什么好！可是这位可怜的邮差，他把脑中的几百封信全都混乱了，还是在和开足了发条的机器一般喃喃地说下去。

第二章

PART 2

帮助记忆的东西

我认识一位老人，他是一位温良而圆通的老人。看他的样儿，你决不会猜想到他已是八十多岁。他的目光灼灼，双颊润红，走起路来和青年一样活泼。什么都好，只是他的记忆坏了。他走到一个地方，可是往往忘了他为什么走去。他无论如何记不牢人家的姓名，我虽然认识了他很久，可是他还老喊错我的名字。

假如你请他做一件事，他要再三反复问你，以便把这事记住。如其还怕遗忘，他就在他的手帕上打一个结以助记忆。他的手帕常是打满了结，但这些结却一点也不能帮助他。他拿出他的手帕，有一二十个结在上面，可是这些结是代表的什么，他却莫名其妙，就是有一个记忆最强的人，对于这种以奇异的方法写成的书籍也难以加以解释。

假如这位老人用不同的结，每个结代表一个字，或一句话，事情就不同了。这样，任何人都会解释这帮助记忆的结了。

在人们未能书写之前，真的有过这样的结绳文字。古代的中国人就是这样“书写”的，波斯人和墨西哥人也一样，南美洲秘鲁的土人对于这种困难的书写方法尤其擅长。即至今日，我们有时还可以在那里找到懂得结绳文字的牧人。

他们把结打在棒上；结距棒愈近，所表示的事情就愈重要。黑色的结表示死亡。白色的表示白银或和平。红色的表示战争。黄色的表示黄金。绿色的表示谷物。没有颜色的表示数目：单结表示十位，双结表示百位，三重结表示千位。

读这种的文字是不容易的。你需要注意绳的粗细，结的形式及其排列方法。和我们的儿童学习字母一样，秘鲁的儿童昔时尝学习结绳字母——或称“Kvipa”。

其他的印第安人胡龙人（Hurons）和伊洛圭人（Iroquois），用许多颜色不同的贝壳小珠以当文字，而不用绳结。他们锯贝壳为小粒平面的珠子，串在绳上。他们以这种珠串做成带子。

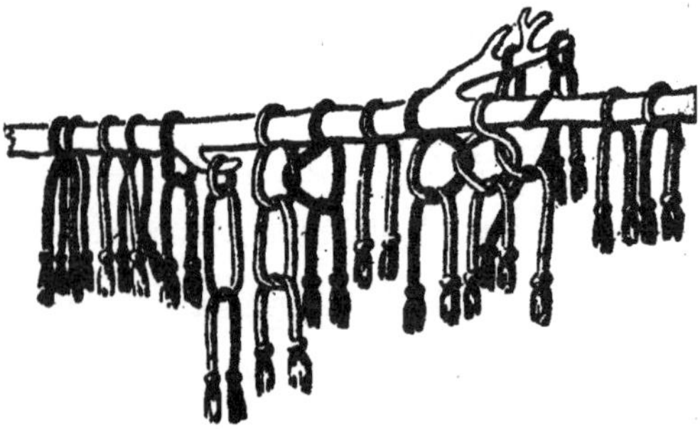

结绳文字

同样，他们以黑色的表示不愉快的事情——死亡、灾难、恐慌；白色的表示和平；黄色的表示黄金或赠物；红色的表示战争或危险。这些颜色的意义一直保持到今日。一面白旗仍是和平的标识，黑色仍是悲哀的象征，红色仍是背叛的符号。

在海军中，人们造出了整套的旗语字母。船舰相互以挂桅杆上旗谈话。

铁路上用的记号是什么呢？那也是把各种颜色保持着固有的意义。

要了解这些颜色的贝壳不是一件容易的事。部族的酋长有整袋的贝壳珠带。伊洛圭部族的青年们每年两次聚集在森林之中，受部族中有学问的年老酋长对于贝壳秘密的教训。

当一个印第安人的部族差遣一个使者到别的部族去的时候，他带着这种颜色的珠带，名为“贝壳串”（Wampum）。

“听我说，酋长们，”他说，“看看这些贝壳！”他举起这彩色缤纷的带子，显耀着像一条彩虹。接着他说了一大篇话，每说一句话就指着一个贝壳。

没有口头的解释，不易懂得这种贝珠。譬如有四个贝壳

串在一条绳上，一白，一黄，一红，一黑。这意义或许是："我们将和你们缔结'同盟'——白，假如你们送给我们一种'贡物'——黄；可是如其你们不同意于我们，我们将向你们开'战'——红；把你们'毁灭'——黑。"可是你又可以把它解释成为完全不同的另一意义："我们求'和'——白，预备献上'金宝'——黄。假如继续作'战'——红，我们将被'毁灭'——黑。"

为避免误解起见，用贝壳文字的美洲土人必须亲自把它递送并朗读它的意义。这种文字并不能代人说话，它只能帮助或提醒他应说什么话。

这类的记忆帮助物很多。例如，计算羊群的只数或面粉的袋数，人们就在棒签上刻上缺痕，塞尔维亚（Serbia）的农夫现在仍用棒签代替账簿和票单。譬如，一个农夫从一个商人赊购四袋面粉，他不写一张收条，而削光一根小小的棒签，在上面刻上缺痕，四个大缺痕和一个小缺痕。于是他纵裂棒签为二，一半给商人而自留一半。到了付账的时候，两个半片都拿来配合起来。这样不能有所欺骗，缺痕就是表示欠款数目的。

人们还曾以棒签的缺痕记录天时的移行，这就是鲁滨孙在荒岛上所用的历书。我们还听说古代西方的“凶蛮”在他们的枪上刻上缺痕以计算杀死敌人的数目。

PART 3

第三章

会说话的东西

绳结和贝壳的意义需要学者才能解释。此外有非常简单的记事或传言的方法。一个部族在对另一部族宣战的时候，他们就送去一杆枪或一支箭。谁都能够了解，这一件赠物是带着血腥的。

假如是讲和平，依习惯送去的是烟和烟管。在印第安人之间，烟管常是和平的象征。当他们会集讨论和平的时候，敌对各部族的领袖们就围坐在营火的四周。其中一人首先吸一管烟，然后把它传递给邻座的人。在庄严的静默之中，这

和平的公文

和平的烟管传遍全座。

在未知书写之前，人们常用物件以当书信。斯西底亚人（Scythians）（即古代南俄罗斯的土人）有一次送给波斯人一封信，包藏着一只鸟、一只鼠、一只蛙和五支箭。这奇妙的书信的意义是说："波斯人，你们能够和鸟一样地飞，和鼠一样地躲藏在地下，和蛙一样地越过池沼吗？假如你们不能，那么还是不要来和我们作战的好！在你们踏进我们国土的时候，我们将以弓箭战胜你们。"

今日的书信是怎样的简单而清楚啊，假如有一天你接到一个邮包，其中藏着的不是什么美丽的东西，而是一只死蛙或诸如此类的东西，你将怎样？无疑地你以为是什么人对你恶作剧，而决不会想到这并不是开玩笑而是严正的书信。

我们看见以物件做成的书信而骇怪，正如野蛮人看见以纸写成的书信而骇怪一样。让我来讲一个这样的野蛮人的小小故事给你们听。

古代斯西底亚人的文书

会告密的纸

从前有一个黑人名叫散巴（Sambo）。他生平向没有看见过白人，白人对于他的新奇，正如白的乌鸦对于我们一样。可是有一天散巴看见了一个白人。不仅一个，并且有许多。有些白人走到了他的乡村里，召集了所有的壮丁，把他们带到很远很远的地方去——一直到海边。那里，他们把散巴和他的朋友们装入一所在海上走的大屋子里。

一天过去，又一天接着过去。经过了许多天之后，最后散巴又看见了陆地的影子。可是这一片陆地完全不是他的故乡了。

他们把散巴带到一所大的白石屋子里。那里住着许多黑人，和他一样的黑，可是他们是来自完全不同的地方的。散巴做了茄克生法官的仆人，这位法官的脾气是非常暴躁的，他生着满嘴的红胡髭。每天自朝至夜散巴忙着擦鞋，照顾常常攫他头发的小主人，并为一个肥胖而傲慢的厨役跑市场。

一天，主人的太太召唤散巴，吩咐他说：

“散巴，把这个送到茄克生先生那里去。”她交给他一只篮和一张白纸。

在路中散巴不能自禁地窃看篮中的东西，因为那里发出美味的香气。原来篮中放着几只熏鸡，法官一人怎样能吃得了呢？假如少了一只，决计无妨于事。于是散巴坐下地来吃了一只。

唱着愉快的歌曲，他走到法院，法官看了那张纸，又查看篮子。他又看了一下那张纸，然后问：

“还有一只鸡在哪里？这里有三只，第四只在哪里？”

散巴惊呆了！那可咒诅的纸看见了他的行动了吗？纸会说话的吗？

在吃鸡的时候，他是执着那张纸的。第二次送鸡给主人的时候，他留意着该更小心些。在他偷吃之前他把纸藏在一

块石头的下面，让它睡在那块石头的下面！在那里它不会看见什么东西了。吃完了鸡，散巴才拿出那张纸，带着篮子前去，心中以为这一次总安全了。

可是那张可咒诅的纸上，显然附着鬼怪。便是睡在石头下面，它也能看见一切事物而把散巴的错处全部告诉法官！于是大家都骂他：主人、主妇，甚而至于那个肥胖而傲慢的厨役。没有骂他的只有那个小主人，他骑在散巴阔背上，和平时一样地愉快。

人们经过了很长久的时期才想出会说话的纸。他们在比较更早的时候就想出了会说话的“东西”。一根烟管向他们说和平，一杆枪说战争，一张满弓说进攻。经过了几千年他们才能从能讲话的物件进化为能讲话的纸。

PART 4

第四章

图画文字

你有了纸和笔，写字是容易的。如其你没有纸也没有笔，而且二十六个字母也没有，只有许多种大豆实物如箭和烟管之类，这样就不会这样容易了。假如你要报告人家，在一次狩猎的时候一头老虎杀死了三个人，这你将怎么办？

在你的手头，你当然并没有活的老虎和人的尸体。就算你有，要把这些东西当作一封信寄出去也是办不到的。可是，寄出一头活的老虎也许不可能，寄出一个老虎的图画，却并不这样的难。因此人们开始以图画书信代替实物书信了。人们在很古的时代就知道绘画，当多毛的巨象和北极地的驯鹿还正漫游于现代的巴黎和伦敦的故址，当人类还正居住在洞穴之中，他们就在捕杀的野兽骨头上雕刻各种图画。除掉作为魔术仪式的洞穴图画之外，还有从古代传下来可

称为图画文字的绘图。其中有的刻在平的骨头上，有的刻在树皮上，有的画

在驯鹿的皮上。

这样，他们寄送一张烟管的图画以代一杆真的烟管，一张箭的图画以代一支真的箭。用这种方法，他们可以用绘画表示出许多东西，但是并不能表示一切事物。例如，你怎样画一阵风，怎样画生命、勇敢、幸福等事？

把这种古代的文字观察一下，我们就可以看见他们非常巧妙地避免了这种困难。他们以满帆表示风；以蛇表示生命，因为他们相信蛇是永久生存着的；勇敢则以狮或鹰表示。印第安人要表示“某人是幸福的”这一个观念的时候，他们就画一个龟形在一个人形的旁边，因为他们以为龟是会致人幸福的。现代迷信的人们则画一只马蹄以表示幸福。

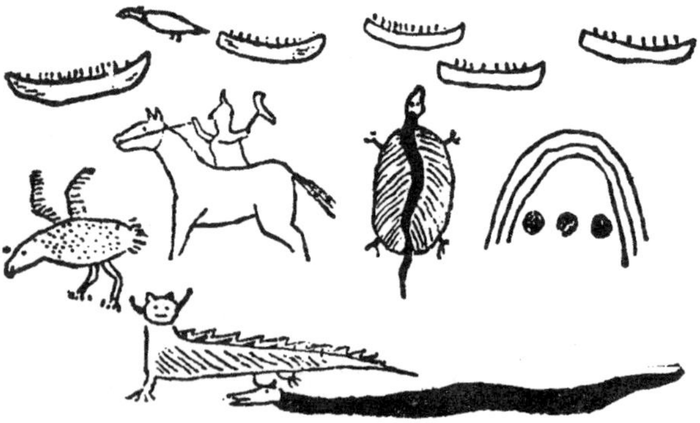

苏比列湖附近发现的图画书信

上面一页上有一封图画信，是在美洲苏比列（Superior）湖附近石崖上发现的。这是比较容易阅读的。乘坐着51个人的五只长独木船，表示印第安人们渡过这个湖。骑在马上的人显然是他们的酋长。这次远征一定经过了三天，因为途中有三个太阳在三道表示天空的弧线之下。龟和鹰表示这次远征的结果是胜利的，由于印第安人的勇敢。下面的奇形动物，有人认为是一只豹，这是酋长的名字。他们呼酋长为豹。底下的一条蛇是表示在这次攻击中没有一个人被杀，是全数生还的。

这便是把一封图画书信翻译语言之一例。

从前英国有一位作家在他的书中叙述一个故事，这故事也是以一封绘画信为主要材料的。我现在把这个故事简述如下。

探险队迷途的故事

那是在1837年（船长开始说），那时候我还很年轻。我乘坐在乔治·华盛顿号轮船上，在密西西比（Mississippi）河中航行，这船后来由于气锅破裂而沉没的。

有一次在纽奥连斯（New Orleans）有一队人来到我们船上。这是一个探险队，被遣去开发沼泽和森林区域的，到现在这些沼泽和森林都连痕迹也没有遗留了。他们全是青年，精强力壮的。他们之中只有一个队长是庄严的中年人。他不喜欢谈笑，只是坐着，在一本小笔记上不停地写录事项。任何人一见他就可以知道他是一个有学问的人。其余的人都喜欢谈笑和饮酒，尤其是跟随着远征队作卫兵的兵士们。

这一队人们上了岸之后，船上就静得像没有人一样。起初我们常常谈到他们，后来渐渐把他们忘记了。大约在三四个月之后，精确的日期我也记不清了。我在另一只船上工作，船名是美杜沙（Medusa）。一天，有一个旅客走到我面前，他是一个鬓发苍苍的老人，他问我：

“你是乔治·克泼司（George Kippps）吗？”

“是的，先生，我就是。”我说。

“我听说你是常在乔治·华盛顿号船上的？”

“是的，先生，我从前是的，”我说，“你为什么要问这件事情呢？”

“唔，”他说，“理由是这样：我的儿子，陀姆（Tom），是乘着那船和一个探险队一同出发的。他和全队的人员都迷失了。一些他们的踪迹也没有找到。现在我自己出去找寻他们。或许他是病着在什么地方。”

我看着这个老人，我为他难过。假如他到森林之中去，他有传染热病或被印第安人射死的危险。

“怎么？你独自一个人去找吗？”我问他。

“不，”他说，“我必须请一个人和我同去。你知道谁愿意和我同去吗？我将给他丰富的酬劳——我愿把田卖掉，假如是必要的话。”

我想了一会，然后说：

“我跟你去，好不好？”

第二天我们就上了岸。我们预备好食物，买了手枪、长枪、帐幕，雇了一个印第安人做向导，问了邻近居民许多事项，然后出发。

不知道走了多少里路。我虽强壮，可是也走得极度疲乏了。经过的地方是潮湿的沼泽地。我开始劝这老人回去。“似乎我们的路是走错了，”我说，“假如探险队曾经走过这条路，总得有一些遗下的踪迹。我们已走这许多日子了，连一个营火的痕迹也没有看见。”向导也同意。这老人刚在想放弃这次找寻的时候，忽然又改变了他的决心。你知道为什么？为了一个普通的黄铜纽扣。这纽扣把这老人带进了坟墓。

我们在一小片空地上休息。做向导的印第安人和我已经生了营火，开始扎起帐幕。老人坐在一根树枝上，忽然他叫了起来：

“约翰，看，一个纽扣！”

我一看，的确是一个纽扣，和那时兵士所用的一样。老人兴奋得和发狂的一样，他看着纽扣叫喊。他接连地说：

“这是我的陀姆的纽扣。他的纽扣是和这个一样的。现在我们不久就可以找到他了！”

我对他说：“为什么你知道这就是陀姆的纽扣呢？兵士有八人之多呀。”

“不，”老人说，“别和我辩。我一见这个纽扣就认识了它。”

我们又走了三天。现在这老人无论怎样都不肯回去了，我也不再劝他回去，这个纽扣总是一个线索。

第二天老人患了热病。在寒热交作之中，他还不愿停下休息。

“我们必须赶快，”他说，“陀姆是在等待着我。”

最后他不能支持了，他变成不省人事。我把他当作自己的父亲一样地小心服侍了两三天——我对于他发生了爱怜之心。可是没有用。他死了，依旧握紧了那个纽扣。我们把他埋葬在那里，然后由另一条路回去。这一次我们却意外地找到了真的痕迹，最初我们找到了营火的痕迹，其后是一面小旗。更后，最有趣的，是一小块树皮，我把它一直保藏到今日。

船长拿出一个小匣，盖上有一只三桅船的图画。他把匣打开，拿出一小块桦树皮，上面画着下面所印的一幅绘图。

桦树皮上写着的印第安人的书信

这个图是队中一个印第安人所画的。明显地这一队的人们是走错了路，在森林中彷徨了很久的时期。向导者们依照他们部族的风俗遗下这片桦树皮以报告他们的遭遇。这封书信是钉在森林中非常显明地点的一株树上的。我的印第安向导把信中的意义解释给我听。其中有八个人，及与人并列的八支枪。这表示八个兵士，陀姆便是其中的一个。六个小人形是参加探险的人们。执着枪的人和拿着烟管的人是做向导的印第安人。营火表示他们扎营的地点。四脚向天而卧的海狸表示有一个名叫海狸的印第安人在中途死掉。

当我们找到了这封信之后，我决定重新进行找寻这个队伍。我们依路前进，在一星期之中毕竟找到了那迷途的队伍。

印第安人的墓碑

虽然经过了许多年，可是每一次我看见这一小片的树皮，就想起了那位老人和他们的纽扣。

在这个故事中的那一片船长拿出给作者看的树皮上，有着一幅四脚向天的海狸的图画。印第安人的坟墓上常常有图画表示死者或他的部族的名字。例如，左图的一块石头上有一头驯鹿的图画。从石上雕刻着的图画，你可以知道埋葬的死者的一生的事迹。他的名字一定是快脚驯鹿或类似于此的名字。他是一个有名的麋的狩猎者。驯鹿之下画着的麋头便表示此事。他参加过多次的袭击和战争，那些线号表示了次数。最后他参与的一次战争经过两月之久——这便是那两个月亮和战斧的意义。他在这一次战争中被杀。两个月亮之下画着的四足向天的驯鹿表示了这个意义。一个太阳的图画表示这事是在白天发生的。

野蛮人的传记往往可以在他自己的身体上看出。许多部族都有以图画文身的风俗。他们从儿童时期就开始在身体上画图，到了老年时代，他们竟像一幅奇怪的花布被面而不像人身了。

文身的方法是如此的。他们把一个尖锐的小梳压在身上，不问痛苦如何，用锤打入皮中，于是把煤屑或颜料涂入孔中。

文身

住在波利尼西亚群岛（Polynesian Is.）上的野蛮人中，每一个文身的图形是有一个意义的。他们胸前的狰狞的图形是一个神的头，只有酋长有权画这样的图号。直线和方形合成的图形表示这位战士所参加的征伐。白色的弓和黑色的螺旋图形是这位战士战胜敌人的记录。

在我们看来，在自己身上画图似乎是一件可笑的事。可是在自称文明和受过教育的白人，也许有许多人文饰自身，一如波利尼西亚人所为。所不同的，他们不在皮肤上画图，而在衣服上装饰符号，例如黄金肩章、肩头彩带、勋章、奖章和饰着鸟羽和鹰形的军帽。这一切饰物表示了装饰者的职位、称号和军役，正如野蛮人身上的图画一样。

第五章

PART 5

哑谜的文字

学者们费了经年累月的时间以求了解古代埃及的寺院和金字塔壁垣上的神秘符号的哑谜。其中有的是容易了解的，这些是从事于各种职业的人们的表现。有手执卷物，耳后有芦笔的书记员；有卖颈饰和香水、油饼和鱼的商人；有吹玻璃杯的玻璃吹制者；有制造金手镯和戒指的珠宝商人；有在“法老”（埃及国王称号）的战车前面，执着皮盾，依着一定的形式奔走着的战士。看了这些图画，诸位就容易想象到埃及工场情形，市场贸易的状况，和国王行列的景象了。

可是这些任何人都能明了的表示几千年前人们生活状况的图画，四周却绕有许多其他难于了解的图画和符号。

埃及的纪念碑上刻着蛇、枭、鹰、鹅、鸟头的狮子、莲花、手、头、坐着的人、举手的人、大槌、棕树叶等等雕刻。这些图形连画成长条，和书中的文字一样。这些图画之中，我们还看见各种各样的无数几何图形，例如方形、三角形、圆形、环形。其详不胜枚举。

埃及纪念碑上的雕刻

可是学者们虽然努力探求这些象形文字的意义，终于不易明了。埃及人的后裔各泼脱人（Copts）是不能帮助这研究工作的，因为他们久已忘了他们祖先的文字。直至最近才发现了这象形文字的秘密。

在1799年，有若干法国兵士，在拿破仑将军的率领之下，到埃及海岸登陆。当他们在罗色帝（Rosetti）城的附近挖掘战壕的时候，他们掘出了一块巨大的石板，上面刻着希腊和埃及两种文字的刻文。兵士们获得了这个发现是多么欣喜呵！现在他们有了象形文字的钥匙了。他们以为只要把希腊文和埃及文比较一下，一切的秘密就可明白了。可是他们又遇着了失望。

研究象形文字钥匙的觅得

他们以为这是图画文字，每一个字是以一个图画表示的。但是当他们试以希腊字代替每一个绘图的时候，这方法却又行不通。

如是经过了二十五年。假如没有法国学者沙波利恩（Champollion）的研究，或许直至今日我们仍旧不能阅读这

种象形文字。沙波利恩注意到有些埃及符号的四周围绕着一个小框圈。此地的一个小框圈中间的希腊刻文是埃及王多利买（Ptolemy）的名字。

沙波利恩想，既然框圈中的字义是多利买（Ptolmees），这些符号一定是拼音字母。这里诸位可以看见这些字母的意义。

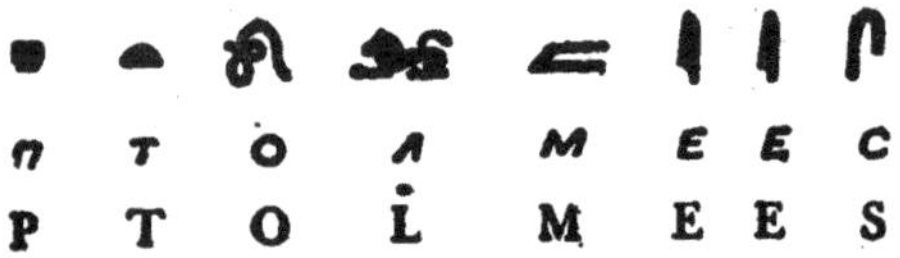

可是这不过是一个猜想，或许这些符号实际上有着完全不同的意义。他必须设法加以校考。他非常侥幸，在菲尔（Phile）岛上他们又发现了一个方尖塔，这上面也有两种文字的刻文。在这一刻文中，有几个框圈中的文字重复了好多项。

在左面的一个字中，沙波利恩立刻认识了几个他已认识的字母。

他以字母代入符号，得到下面结果。

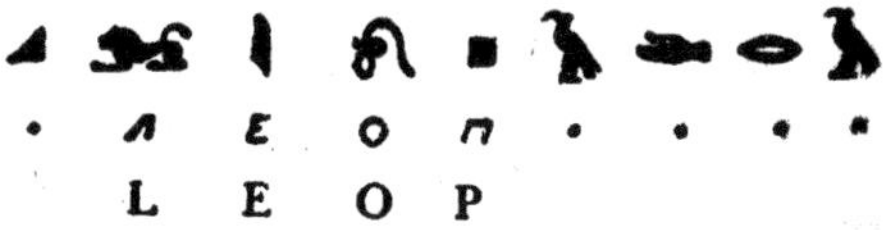

当他和希腊文比较的时候，沙波利恩欣喜地见着的是KLEOPATRA一字。这证明了他的猜想是对的。卵形框圈中的符号并不相当于字而是相当于个别的字母。现在沙波利恩已有了11个字母了：P、T、O、L、M、E、S、K、A、T、R。

可是当沙波利恩试以这些字母探读不在框圈中的文字时，他未能得着胜利。经过了许多年这理由才被人明白。事实是如此的，只有名字，埃及人以字母书写。其他的语言以他种方法书写。埃及文像一幅谜画一样，有的符号表示整个的语言，有的表示单音，又有的仅表示字母。我们且看下面的一幅埃及式的谜画。

这里，有些图形是代表的字母：眼（Eye）代表I，竖琴（Harp）代表H，角（Angle）代表A，瓶（Vase）代表V，鹰（Eagle）代表E。另一个图形代表一个音节：Can。或者，一个图形可以代表一个整个的字：Book。注意I（我）一字的表现方法。那儿有的是一个人眼的图。可是这个图的意义不是“眼”而是“我”。

埃及人常常应用这一方法以表示不能用别种方法表示出来的字。以“大槌”（Beetle）一语为例。这在埃及语中的拼法是HPR（埃及人从不写出母音），可是动词“是”（Tobe）也是HPR。因此，他们在要写“是”一字的时候，他们就画一个大槌。

这里是埃及象形文字的几个例子：

在某一时期，埃及人以绘图代表文字，正如印度人一样。可是这是很古时代的事情。其后有些绘图渐渐代表了音节，最后又代表了字母，从他们的这些字母，我们才得有我们的字母。经过了几千年，埃及的象形文字从尼罗河两岸流传到俄罗斯的平原。

楔形文字

探读古代波斯文字的故事，比探读埃及象形文字的故事还要有趣。波斯人和他们的邻居巴比伦人一样，都是用小木棒写在黏土板上的。笔画像楔形，因此这种文字就名为“楔形文字”。

许多学者费了经年累月的时间，以探求读这种楔形文字，起初他们对于这种奇异古怪的楔形的意义，几乎完全没有希望可以了解，后来却忽然获得了一个线索。探读得有功的人是一个德国的学者，名格罗特芬（Grotefend）。他的研究是非常困难的，因为他没有任何两种文字对书的刻文。

研究波斯诸王的纪念碑时，他注意到有若干文字是常常复见于一切纪念碑上。格罗特芬猜想这些字的意义是“波斯之王”，或此类的意思。这以前的字或许是王的名字，例如，“基尔（Kir），波斯之王”。

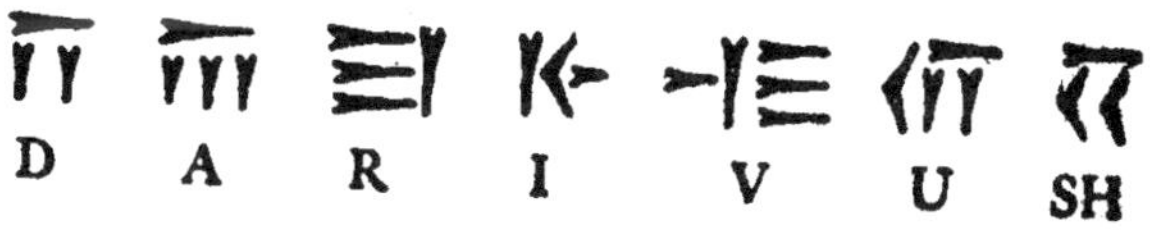

有一个纪念碑上这一字是以七个楔形符号代表的。格罗特芬就把波斯诸王的名字一个一个地想过去：基尔（Kir）、大流士（Darius）、泽尔士（Xerxes）、亚塔泽尔士（Artaxerxes）——试把这些名字代入这楔形字母，只有大流士（Darius），在古代波斯语书中成为Darivush，适合这一字的字母数目。这样格罗特芬就认识了七个字母。

在另一碑上他看见他所认识的字母如下：

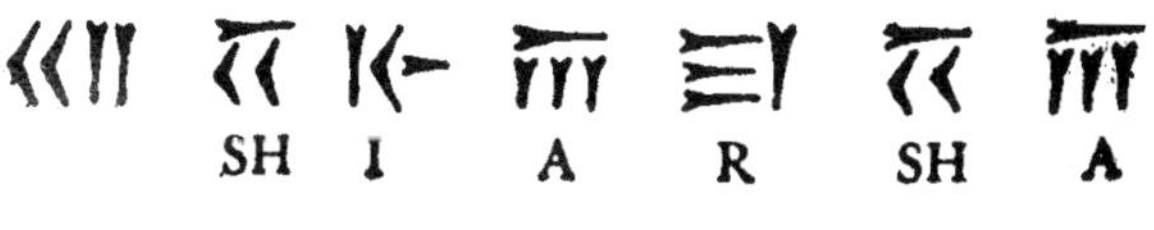

只有第一字母不认识。可是这不难猜想这字母就是K，而这一字就是KSHIARSHA，即泽尔士（Xerxers）。

关键找到了。奇怪的是沙波利恩和格罗特芬两人都是从一个王的名字而获得探读的关键。

最后，格罗特芬也认出了其他字母。正如他当初所推想的一样，在一切的碑铭上，王的名字之后，即接着他的称号，例如：

“大流士，伟大的王，诸王之王，统治波斯万民，万民之王。”

这样波斯文字就被认识了。

我们必须补说一句，楔形文字不是波斯人发明的，而是从巴比伦人那里取来的。巴比伦人和一切古代民族一样，最初以绘图代替文字。例如画一个方形以表示一群的人。经过了若干时期，这些图形只代表一语的第一音节，而不是全语了。

波斯人更把楔形文字简单化，使之每一符号代表一个字母。

这些神秘的文字等待了几千年才有人去探读它的意义。自从沙波利恩和格罗特芬探得了象形文字和楔形文字的奥秘之后，我们知道了不知几许新奇事情！

可是不是一切的谜都得了解释。直至今日还没有人能读叙利亚（Syria）和小亚细亚所发现的狮子像和狮身人首像

（Sphinx）上刻着的文字，这地方是从前希泰忒人（Hittites）的神秘政府所在地。我们所知道的这些人民的事情都是埃及人所告诉我们的。要了解这将被遗忘了的民族的过去史实，只有等待到我们能读他们的文字的时候。

能认字母还是不够。倘若沙波利恩不懂各泼脱人（Copts）的语言（各泼脱人是古代埃及人的后裔，从他们的语言中我们可以得到古代埃及语的概念），他也就不会明了埃及的碑铭。

在探读伊塔拉斯干人（Etruscans）的文字时，我们更感觉困难。他们的文字和希腊文很近似，所以不难求得他们的刻文的字。可是没有人懂得伊塔拉斯干人的语言，所以这些刻文的意义仍是隐没未明。

这是多可怜的事——我们手中有了这些古文字，虽然能读了，仍旧不能明白它的意义。等待着我们去理解的趣谜还正多着呢！有为的青年们努力着去发现吧！

第六章

文字的迁徙

图画文字渐渐变成字母文字了。可是有些地方直至今日还用着象形文字。例如中国人仍旧写着象形文字，虽然中国人开始应用象形字的时候还远在西方人之前。纸、火药、瓷器和印刷术，在欧洲连名称都未听见过的时候就早在中国使用了。

便是在欧洲，象形文字也没有完全废除不用。指导路径的手形或箭形，电线杆上的红色锯齿形的灯光，毒药瓶中画着的骷髅和交叉的两条骨头，这些都是代表语言的象形文字："由此路走！""注意电流！""瓶中有毒！"

有时候象形文字比字母拼成的文字还要实用些。象形文字对于中国人是绝对必要的，他们不仅不想以字母拼成的字代替象形文字，并且这是不可能的。（中国的方块字是障阻西方人了解中国的一重烟幕。本书作者对于中国的语文问题了解未足，他不知道中国也有拼音文字运动，所以在这里说了一句武断的外行话。我们要原谅他，因为他是一个西方人。拥护国粹的先生们却不要高兴西方也有知音！作者在下面谈论中国文字时的错误，我们也同样地予以谅解。——译者）

中国文字是一种奇异的文字，字数甚少，每语皆短，都是单音的。每字有许多不同的意义。这在今日的西方语言中也有时是这样的。例如Fast一字有两个意义，在说It rolls fast时候，意思是“转得快”，而在说It is stuck fast时候，意思是“黏得紧”。

每一个中国语音有几个意义，在书写时候将怎样表示呢？初看似乎是不可能的，可是中国人却想出了一个克服这困难的方法。以“舟”字为例。这字的意义是：船、饶舌、火灾、水盆和绒毛。这字的写法是桅杆上悬挂一个帆，意义就是船。在表示饶舌一意义的时候，就在原字右面加上一个口的图形。表示火灾的时候，加上代表火的图形。帆与水合起来就是水盆。帆与羽毛合起来就是绒毛。

中国人已经把他们的象形字大加简单化使之便于书写。在匆匆之间，看了这些以各种形式结合的黑字，很难认出人、马、星、日、月等的图形。字母所代表的图形当然更难认出。

你相信每一个罗马字母原来是一幅实物的图画吗？正如猎师的勇于追踪获物一般，学者们一步一步地寻出了我们的字母在从原有图形变至字母的时候所经过的悠长旅途了。字母经过了许多国土，最后才到我们这里来。它们的故乡是埃及。埃及人在很古的时候就能以绘图表示思想。可是后来他们感觉到不是任何事情都可以用绘图表示的。例如，你怎样画你的名字呢？除非你的名字是和实物相同的，那很容易，你只要画那实物的图就得了。印第安人就是这样做的：要写“大海狸”一个名字，他们就画一个海狸。英国人也可同样办理，例如表示Woodbury一名字时，就先画一排树表示森林（Wood），再画一个浆果（berry）（bury和berry读音相同，故可代用——译者注）。

可是如其名字不与任何实物相似，我们将怎样办呢？你可将怎样表示彼得或约翰等名字？此地他们渐渐开始应用字母了。为了这个原故，埃及人在几百个代表整个词或音的象形字之外，又加上了二十五个真正的字母。这一事他们很简易地做了。在他们的文字中原有许多简易的字，例如Ro——意义为口。代表“口”的一个图形遂不仅表示“口”的意义，并且表示此字的第一字母r。这样，若干象形字遂被用作字母了。

埃及人把这新旧两种书写方法同时并用。他们常常用一个字母拼成的字，而紧接着又写一个代表此字的图形。明显地，他们未能立即改用字母的书写。例如，他们用字母写成JN一个字，亦即一本书，在右面又接着画一本书的图形。或者，他们写成AN一字，亦即一条鱼，可是在旁边又画上一条鱼的图形。

这并非仅仅因为他们不易习惯于字母的应用而所以为此，此外还有一个理由。埃及语和中国语相同，有许多字是书法相同的。为了避免混乱，每一个字必须有一个符号以示分别。这些书或鱼等图形就是这种符号。没有了这种符号就或许要引起许多误解，因为埃及人只知道以字母代子音，而未能以字母代母音。例如，他们写Npr（大槌）以代表Heper。假如我们写字也不写出母音，我们也需要应用符号的帮助了。

比如，写一个没有母音的fll字，可以读成四种不同的读音：fall，fell，fill，full。这说明了埃及人为什么必须应用符号图画的理由。

诸位或许要想，知道应用字母的人大概就会知道应用音符。可是事实不是如此。埃及人虽然应用了字母，但并未发明音符。在他们以纸草制成的书中，和在他们的寺院石壁上，我们只见各种象形文字，有的代表整句的言语，有的代表音节，有的代表真正的字母。

发明音符的不是埃及人而是他们的敌人——塞密人（Semtes）。大约四千年前，埃及被一名喜克索（Hiks）的塞密族人所征服。他们从东方的亚拉伯侵入尼罗河流域。在百年之间，喜克索人的君主统治着埃及。他们学习了埃及人的文字，并加上了一种极有价值的发现：即是，一切言语都可用音符来书写。他们的音符是世界上最早的一种音符，其来源是从所有的埃及象形字中取出约二十个字来。他们把这些图画字以最简单的方法改成音符。

在初级教科书中我们常见以图画说明音符。我们都读过有图画的书，譬如在A字边画一把斧头（Axe），在B字旁边画一只蜜蜂（Bee）。这种初级教科书是谁都知道的。可是绝没有人想到在表达AB一音节时用一把斧头和一只蜜蜂的图画。喜克索人所做的便是与这相同。他们画一个牛头以表示A的声音，因为在他们的语言中表示牛的一语是Aleph。他们画一所房子代表B，在他们的语言中房子是Bet。人头

代表R，在他们的语言中人头是Resh。这样他们集合成

二十一个字母。他们的绘图是取之于埃及象形字的。在埃及象形字中他们找到了足够应用的人头、马、牛和其他东西。因此，最早的音符字母是起源于喜克索人的历史。

经过了一百年，埃及人推翻了他们的“外来统治者”，这就是他们称呼喜克索人的。喜克索人的政府在地面上消灭了。可是他们的音符字母由埃及向东流传于地中海沿岸各国。住在这里的塞密族——生活于海上的腓尼基人（Phoenicians）农业者和牧人——犹太人——把他们的亲族喜克索人的文字保存着。

腓尼基人是旅行者和商人。他们的船舶在希腊的海岸，在居比路斯岛（Cyprus），甚至远如直布罗陀（Gibraltar）海峡都可看见。他们到了一个新的国土，就陈列出他们的商品：名贵的颈饰、刀斧、玻璃杯，以与皮革、手织布、奴隶等等交换。商品之外，他们还带着音符字母周游世界。和腓尼基人通商的民族于是也就学习了他们的音符。这些并不是埃及传来的字母。腓尼基商人没有工夫去画那些图形。他们把牛、蛇、头和马都改变成为可以迅速书写的符号。

这些字母经过了海到希腊，从那里行到意大利，又北行到我们这里来。可是它们并不是在离开腓尼基之后就立即出发远行的。它们停留在希腊约近两千年，然后才出发向北方去。在这时期中还经过了许多变化。

一共经过了四千年，埃及字母才得完成它的旅程，从腓尼基、希腊和罗马以达我们。在旅程中它们发生了许多事情。它们变更了形态，时而转向左，时而转向右，时而背卧，时而倒竖。它们旅行到有十三个桨手座位的腓尼基人的船中，奴隶们的背上，携带纸草卷的圆篮中，和游方僧的背囊中。在途中遗失了许多。可是新的伴侣时时加进它们的队伍里。最后，经过了长期的旅行，那些字母到达了我们这里，可是它们的形态已变得几乎不能辨认了。

要找到它们的原有形态，我们必须并列比较埃及的象形字：喜克索人文字[即西奈（Sinia）半岛上海德（Hator）女神庙中发现的]以及腓尼基、希腊、斯拉夫、俄罗斯的文字。

看了这些并列着的文字（下页插图），诸位就可以知道怎样那有角的牛头会变成我们的A字。（只有把角放在下面，这字才会像一个牛头。）

诸位想还会注意到，一切字母的方向，从前和现在正是相反。这是因为古代腓尼基人不是和我们这样从左面写到右面的，而是从右面写到左面的。希腊人起初从腓尼基人那里获得了音符字母的时候也是从右写到左的。后来他们就用两种方向书写，一行自左而右，次行自右而左，如此重复下去。可是他们觉得这不方便，结果遂改为全由左面写到右面。我们的书写方法就是从他们那儿学来的。

当希腊人把书写方向更改的时候，他们把字母也翻转过来向着反对的方向。字母书写法在书上的变化，正像一列火

Egyp-tian
Hyksos
Phœni-cian
Old Greek
Greek of the time of St. Cyril
Slav
Eng-lish
Ox
A
House
B
Corner
G
Door
D
Man shouting "Hey"
E
Olive twig
Z
Palm branch
K
Rope
L
Water
M
Snake
N
Eye
O
Mouth
P
Head
R
Mountain
S
Cross
T

车未走上正确方向之前的移动一样。

可是为什么从左到右的书写方法比较方便呢？从左写到右，从右写到左，或者和中国人那样从上写到下，这其间究竟有什么不同呢？

其间确有不同。始创字母的埃及人也曾有过一个时期和中国人那样从上写到下。如此书写的时候，书写者以左手持纸草卷，而以右手书写，这是必然的。他必须从右边开始书写，否则他的手就行动不便了。假如诸位把本书的书名（本书英译标题为Black on White，亦即白纸上的黑字）如此书写，就成下面的样子：

BLACK ON WHITE

可是这也不很方便。书写者写了第一行再写第二行的时候，他的手易于擦污第一行的未干墨水。中国人不感觉这一层困难，因为他们用的是易于干燥的墨水。埃及墨水是煤烟、植物胶质和水制成的，非常难于干燥。为避免这一种困难起见，他们就开始横写以代直写。这样，右手在写字的时候就在空白地位上移动，不会擦污已写的字了。可是从右至左的旧习惯仍旧保留着。

他们一直如此写着，直至后来的希腊人改为两种方向同时并用。

最后，这两种方法中，自左至右的书写方法在欧洲诸民族中获得了胜利。但犹太人和许多其他民族仍是自右至左地书写。

我们已经叙述了文字从埃及至俄罗斯的漫游了。可是这不过是埃及象形字旅行世界的一个行程。字母从希腊出发后不仅向北走，也曾向西行，到意大利，在那里成了拉丁字母。在它们离开埃及而周游全世界的时候，字母曾侵入印度、暹罗、波斯、美洲、佐治亚、西藏和高丽。世界上一切字母都是出源于埃及音符的。

我们用的数字的历史，或许比字母的历史还要奇异。你知道我们用的数字也是象形字，图画字吗？

在从前人们只能用他们的手指计数。他们要说“一”就伸出一个指头，要说“二”就伸出两个指头，一只手的全部五个指头就是“五”，两手合起来就成“十”。他们要表示更大的数字的时候，就挥动他的手如一部风车一样。第一次看见的时候，你会错认这种计数的人在赶蚊子。这种以手或指计数的方法，在纸上也是同样应用的。看了罗马数字，你就立刻会想到I、II、III是一个、二个和三个指头，V是大拇指

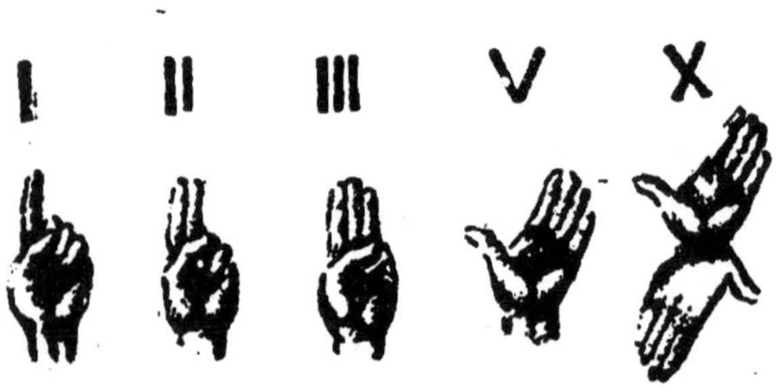

伸开成一个角度的手，而X是同样的两手连接了起来。

不仅罗马数字是如此起源的。我们现在所用的数字也是从手指而来的。最初，数字是这样写的：一字和现在相同，二字是两条小符号，不是竖起而是横卧的，三字是三根小杆子，也是重叠起来的，四字是四条排成十字形的小杆子，五字是一只手，即伸着拇指的拳头。

和字母一样，数字在写得快的时候就变了样子了。不把笔尖离开纸张而书写的时候，它们就成了如下的样子：

这样写成的数字和今日我们所写的数字是没有多大不同了。其他的数字是由于把这最初五个数字合并而成的。但“零”的故事是最最有趣。什么是零？零就是什么也没有。一个空的地位。人们经过了很久的时间才想出表示它的方法来。“零”的发明正如轮船或电话的发明一样伟大。

最初是没有零字的。在计算的时候他们用一块板，画成方格和圆圈，在这上面写数字。举例说，假如你要把123和23相加，你就如此地圆圈排列在板上：即是把零的地位空了出来。这块板叫作“计算板”。对于希腊人所用的表示数字的方法，计算板是非常有用的，即是，以第一个音符字母为1，第二个为2，以下类推。没有了这样的一个计算板，就不易以这种方法计算了。譬如说，他们将怎样加Lambda和Pi或Nu和Ro呢？（Lambda为希腊文第十一字母，Pi为第十六字母，Nu为第十三字母，Ro为第十八字母，同时都是数字——译者注）希腊人是在心中计算的，只为下一个计算的结果。

不久之后，他们用一种计算桌来代计算板。在这桌上没有画着的方格。于是在表示一个空白方格的时候他们就用一个不写数字的圆圈，例如1O2。当他们把这些符号写录在纸上时，空白的圆形就画在纸上而成为我们的“零”。

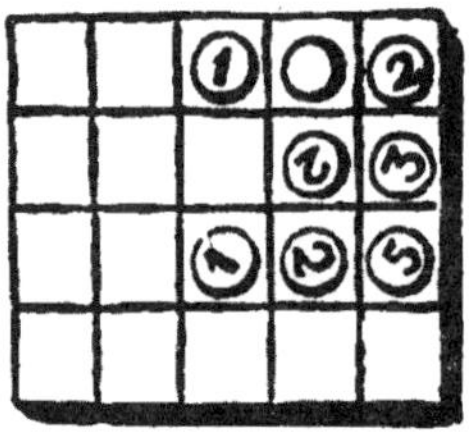

下 卷

PART I

第一章

不朽的书

文字在从一地至另一地，从一国至另一国旅行的时候，同时做了另一种的旅行。它们从石头到纸草，从纸草到蜡板，从蜡板到羊皮纸，从羊皮纸到纸。正如一棵树在沙地上生长和在沼地或黏土地上生长是不同的，所以文字在从一种书写材料上移到另一种书写材料上的时候也改变了它们的形状：在石头上它们变成硬而直，在纸上变成圆形，在蜡上弯曲成小钩状，在黏土上成楔形、小星状和角状。就是同在一种材料上，例如羊皮纸或纸，它们也不是固守一种形式，而是常常变化的。

这里是几行字，在不同的时间以不同的材料写的。刚硬的字体是刻在石上的，曲线形的字体是刻在蜡上的，圆而易认的字体是写在羊皮纸上的。初看起来似乎这些字是不同的文字，其实三种都是以拉丁字母写的，只是写在不同的材料上和写的工具也各异罢了。

文字的书写方法真是多极了。我们所习惯了的铅笔和纸

刻在石上、蜡上及写在羊皮纸上的字

是最近的发明。五百年前的小学生书包里没有铅笔、钢笔或写字簿等物。他们用一支箭头的小棒在放在膝盖上的蜡板上书写。这种写字方法不能说是十分便利吧。

可是假如我们推想到更古的时候，文字还刚从洞穴生活的人们的图画发展而成，那时的书写一定是困难到难于相信的程度。特殊书写的工具是没有的，各人要自己去想出他的书写方法。任何到手的东西都可用作写字簿的：羊的肩胛骨，椰子树的叶，陶器的破片，野兽的皮，小块的树皮，他们用任何可以应用的东西，任何可以用一块尖骨或石头在上面刻画简单圆形的东西。

这些书写方法之中有许多应用了很长的时期。据说，穆罕默德（Muhammad）写《古兰经》是用的许多羊尖骨片。

希腊人在民众大会里常用小片破陶器——Ostraki——作为书写投票的工具，不像我们投票那样用小的纸条。（古代希腊常用牡蛎壳作投票，因此由投票而决定的放逐谓之贝壳放逐——Ostracism。此地说Ostraki是小片破陶器，与普通书籍所载不同，大概是作者的忽略。——译者）便是在纸草纸发明了之后，有许多作者也迫于穷困而不得不仍用陶片。据说有一个学者，他把他所有的壶和罐都打破，这样他才能把他的一本书写成。又有一次，有几个在埃及服务的罗马兵士和官吏，在缺乏纸草的时候把他们的报告和征收证都写在陶片上。

椰树叶和树皮是比较更好的书写材料。人们用一个针在这上面写字，直至发现纸草的时候止。在印度，整部的书是用椰树叶做成的，树叶的边压平，切成一定的形式，用线订了起来。他们把边镀金或加以装饰，做成一本很美丽的书，虽然它的样子与其说是像一本书还不如说是像一个百叶窗帘。

这种骨头、黏土和椰树叶的书现在只能在博物馆中看见。可是有一种书写

石书

的古法我们还是用着的——即是，书写在石头上。石头的书是最久长的书。四千年前刻在埃及坟墓和寺院墙壁上的全部故事一直流传到现在。我们也把要想传之久远的东西刻在石碑上。我们所以不常书写在石头上，为的是一来石头坚硬难刻，二来这种的书重量有几百磅，绝非一人之力能够移动，要起重机才能移动它。你绝不能带一本石书回去读，也绝不能由邮局寄一封石信给朋友。

人们常想发现一种材料，比石头轻而和石头一样耐久。他们试用青铜书写。我们还可以看见刻着字的青铜板，曾经用作宫殿和寺院的装饰。有时一块这样的板占了一整幅墙

刻在青铜上的协定书

壁。当青铜板的两面都写着字的时候，他们就用链条把它从天花板上挂下来。

请看上页图中的青铜教堂门。这有些像一本书。这上面刻着埃德林（Etlein）公爵和勃洛瓦城（Blois）的人民所议定的条约。市民应允围着公爵的堡垒建造一重墙，而以获得使用酒税的权利作为交换条件。现在，酒已喝完了多年，喝酒的人早已睡在坟墓之中，堡垒的围墙也早成瓦砾，而条约还装饰在青铜双扇的镶板上。

石头和青铜的书笨重而不便。可是这还不是它们的最大缺点。最不方便的事情是在这些东西上面书写的困难。假如今日的著作者在著书的时候，要穿上围裙，拿起铁锤和凿子，把自己做一个石匠，他将感觉到怎样呢？他的一日的辛勤打凿恐怕只能完成一页的文字吧。

我们现在的书写方法确是比较高明。纸固然不很耐久，可是哪里有耐久如石头而又书写便利如纸的东西呢？古代住在底格里斯（Tigris）和幼发拉的斯（Euphrates）两河之间的巴比伦人和亚述人（Assyrians）发现了这样的一种东西。

古代尼尼微（Nineveh）废墟中的古荣治克（Kuyundzhik）地方，有一个英国人曾发掘到了亚述巴尼布王（Assurbanipal）的整个的图书馆。这是一个非常奇怪的图书馆，其中没一页纸。一切的书都是以黏土做成的。

其中的书籍是这样做成的：书写者把黏土板做成适当的大小和厚薄，而以他的三菱形小尖棒书写于其上。他把尖棒插进黏土板，迅速地移动它，这样，字的一端遂成粗壮而另一端遂像一个瘦小的尾巴。巴比伦人和亚述人书写非常快，整个的土板上都刻满了均匀的小楔形字。他们把它送到陶器师那里烧硬，以便长久保存。今日的陶器师对于制书是一些关系也没有了，可是在那时候烧书和烧壶同样是他们的工作。

这种的书，在阳光中晒干又在窑中烧成以后，和石头几乎同样耐久。这种书籍既不能为火所毁又不能为水所损，也不能为耗子们咬坏。固然它们会破，可是破片易于拼合起来。学者在拼合尼尼微所发现的破板费去了很久的时间。

尼尼微图书馆的书

尼尼微图书馆中有三万块字板，每一本书有许多块板，正如我们的书有许多张纸一样。当然，黏土板是不能像我们的书那样合订起来，因此每块板上必须刻上书名和号数。有一部论世界创造的书，上面的第一句话说："太古之时上苍不称曰天。”于是这一部书的任何一块板上都刻着这一句话，继之以第一、第二等号数，直至一书终了。

此外，图书馆的印记是刻在每一部书上的，这是诸位所能想象得到的：

> 亚述巴尼布王宫，战士们的王，诸民族的王，亚西利亚国的王，纳波（Nebo）神给予他聪慧的耳和敏锐的眼，使他能够发现服务于前代诸王的本国著作者的著作。为了尊崇理智之神纳波，我搜集了这些书板，命令把抄写本制成，并把我的名字刻在上面，存于我的宫中。

这图书馆中有各种的书：有的记载亚西利亚国王和吕底亚人（Lydians）、腓尼基人及亚美尼亚人（Armenians）的战争；有的记载一个有牛腿、牛角和牛尾的巨人的勇敢行为；

有的记载伊希太（Ishtar）女神降到地府领回她丈夫的愉快故事。有的记载一条河会把全世界变成汪洋大海的故事。

在晚上亚西利亚王患失眠症的时候，他就叫他的奴隶到图书馆中去取书。他命令他们高声诵读给他听；在他听着的时候，他就忘了烦恼他的琐事；这些琐事使他烦恼，正如他自己使他的贱民烦恼一样。

亚述人不仅以黏土为写字的材料，并用它为印刷的器具。他们以宝玉做印玺，做成有凸文的圆筒形。当条约订定之后，以印玺在黏土板上滚过，这样就刻上了印玺的清晰花纹。

今日的布上印花仍旧是用的这种方法。卷筒印刷机的作用也是同样的：字型排列在旋转圆筒的表面上。

许多流传下来的契约、收据和记载，上面都刻有印章。印章旁边有时还签字，即是手指甲刻成的弯曲形。显然这是不能写字的人所签的名字。

PART 2

第二章

带状的书

砖头的书已是够奇怪了。古代埃及却想出了一种更奇怪的书。一条很长很长的带子，有几百码长。它是一种纸制成的，这种纸是非常奇异的一种纸。看起来似乎是许多薄方块编成的。试把它撕开，可以看出的确是由小带制成的，如同一幅编席。这种纸的外观是黄色，平滑而有光泽。它是和蜡板一样的脆的。

字行不是依着带子的全长书写的，而是分成许多栏，如其字行是依带子的全长书写，看书的人就要从一端至另一端回复往还了。

这种奇异的纸是以尼罗河两岸沼泽地上所生的一种奇异形态的植物制成的。埃及人在田圃上种着这种畸形的小

树，——其实，不是树，而是一种比人还高的沼泽草类。它的茎光而直，在顶上有一个刷子似的东西。这种植物的名称名为纸草（Papyrus）。这一名称流传到现在成为英语中的Paper，德语中的Papier，法语中的Papier，和俄语中的Papka。

这种奇异的植物是埃及人的最好的朋友。他们用它制纸，他们把它作为食物，他们喝它的汁，他们把它制成衣服和鞋，甚至用它制船。纸草的菜，甘美的纸草汁，纸草衣服，纸草皮的鞋，纸草茎编成的小舟。——古代埃及人的这一切东西都是得之于这个状如牛尾的丑陋植物的。

一个罗马的著作者目击纸草的制造而留给我们一个古代埃及制纸工场的记载。他们用一个针把纸草的茎裂成薄条，其阔度愈阔愈好。于是把这些条子黏合起来而成一页纸。这种工作是在一张以尼罗河的黏滑的水所湿润了的桌子上做的。这黏滑的水就代替糨糊。桌子造成倾斜状，使水不断地在上面流过。

一条完成了，立即把两端切断，而把它放在另一条的头上，横放着。如此，他们做成了一种编织物，有的纵，有的横。做成了一堆纸片之后，就加以压力，用一块有重量的东西压在上面，然后拿出在阳光下晒干。晒干后再用一块骨头或贝壳加以磨光。

纸草有各种等级，正如我们的有阶级一样。最佳的一等是以茎的心做成的。埃及人叫它“圣纸”，因为他们用它写

纸草的采集

圣书。罗马人叫这种最优的纸“奥格斯脱（Augustus）纸”以纪念他们的皇帝奥格斯脱。第二等叫作“利维亚（Livia）纸”，得名于奥格斯脱的妻的名字利维亚。

此外，还有许多等级。最劣的一种，名为“商人纸”，不是用以写字而是用以包商品的。最好的制纸工厂是在埃及的亚历山大（Alexandria）城中。从此地“亚历山大纸”（这名称一直沿用到今日）流传到罗马、希腊和东方诸国。

纸页做成后，黏合成为长条，二十页为一条纸。纸条有一百码长，甚或还要长些。这样的书如何读法呢？如其你把它展开，它要占据你的住室地板的全长。在地板上爬来爬去阅读未免太不方便。把它悬挂在墙壁上吧，可是又没有特造的“阅书壁”。并且在下雨的时候你的书将怎样呢？你将如何保存你的书，不使毁于不良的气候或被恶作剧者忽然走来把它撕成碎片？或许你将请几位朋友为你拿好书的两端使你便于阅读。可是恐怕这也不行。谁肯来为你每天站着数小时拿好这长条的书给你阅读呢？

为什么不把长条切成若干页，订成一本书，如我们今日这样呢？说起来是容易的，可是当时却没有立即想到。并且纸草也不易这么办。纸草折叠后就会断，它不像我们的纸能够折叠而不破。

埃及人想出了一种非常切实的方法，他

们把长条卷起，卷在一个小棒上，以免破裂。棒的两端雕刻着棋子般的花样以为装饰。阅读的时候以手执棒的一端。在今日，我们也还用棒卷地图和新闻纸以免破裂。

阅读纸草书的时候，以左手执刻有花纹的棒端，以右手展开书卷。阅读的时候两只手都是有工作的。如其你放开右手去擦一下眼或拿一支笔，整部的书就要重新卷起来的。因此在阅读的时间不能抄写出其中的一节。假如要抄写，必须有两人合作，一人念一人写。

喜欢手头放着许多书或把书翻开在适当地方的学生，遇到了这种的书就没有办法了。可是这还不是纸草卷的唯一缺点。一卷书常是全部书的一部分，我们的一厚册书，在埃及、希腊和罗马人需用几卷纸草卷。那时候书本不是能够纳入袋中或小匣之中的。携带书籍的时候，你得把置于有带子的圆箱中的许多书卷，背在背上，像一个大的帽笼。有钱的人决不自己携带书籍。到图书馆或书店里去的时候，他们带着一个奴隶为他们携带放着他们所需要的书的箱子。

那时候的书店不像书店而像卖糊壁纸的铺子。书架上尽是一卷一卷像糊壁纸的卷子，每卷上贴着一个签条，上面写着书名。

他们用墨水写在纸草上，可是和我们的墨水完全不同。他们的墨水是混合煤烟和水而制成的。要使墨水黏厚不致立即从笔尖

上流到纸上，他们又加入胶水。这种墨水没有我们的经久，用海绵代橡皮就易于把字迹擦掉。有时他们用舌尖舐去字迹，当手头没有海绵的时候。有一个故事中说，在加里格拉（Caligula）皇帝殿前常常举行的吟诗竞赛中，未得奖品的不幸诗人，应该把自己的作品用舌头舐去。

那时候的笔和我们的也是不同。他们的笔以芦管制成，切成一支铅笔那样长，在一端削尖并使之裂开。没有裂缝的一端，笔就不合应用。试把半爿断落了的钢笔尖写字，一定写不成功。假如有两个半爿，其中就成一个小沟，墨水沿着这沟成微细而均匀的水流而流下。假如你要写的粗些，你就把笔的一端用力压下，使墨水的水道增大以促进墨水的流下。第一个想出分笔尖裂的人是一个绝顶聪明的人。

金字塔的墙壁上现在还保存着许多埃及书记生的图形。他们大都是青年，坐在地板上，左手拿着一卷纸草，右手执着一支芦笔。书记生常有两支余剩的笔放在他的耳朵后面，正如今日的许多办事员一样。

我讲一个书记生的故事给诸位听。

一个书记生的故事

假如我们看一下书记生手中的卷纸，我们将要惊奇那上面写着的文字与我们所熟知的象形字完全不同。它是一种草率的书写，和在坟墓与寺院的壁上我们所常见的优美图形一些也不像。

这理由不难知道。在纸草上书写比石头上雕刻要容易得多。纸草上一分钟能写的，在石头上或许要半点钟才能刻成。因此，象形字在纸草上失去了它的正确而优美的形态，这是不足为奇的。迅速的书写改变了一切线条，改简了一切图形。僧侣们还能追忆他们文字的优美而小心书写，不属于僧侣阶级的平民都只想着书写的迅速，结果埃及遂有三种书

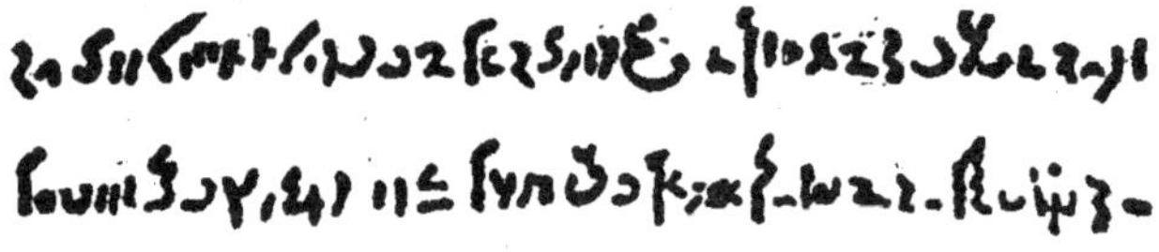

法：象形字、僧侣字和普通字。

于此可见纸草的发现在埃及文字上造成了怎样的一个革命！

我们所讲的那个书记生是用的普通字。他记下穿白围裙的工人放进大仓库中去的谷物数量。运谷工作的进行非常快，管理卸谷的人所高声说的话，书记生几乎来不及写录下来。他哪里有时间来逐字细描呢？沿着砖阶工人们走上圆顶仓库旁的坛上，他们带着满装谷物的篮倒入盖顶的洞中，急忙地回去再装谷物，让开路给后面接踵而来的拿着满篮谷物的人们走。

埃及的书记生

最后，所有的谷物都量过并都倒进了仓库。书记生收集他的笔、纸卷和墨水瓶，和工人们一同到街上去。房屋都很高，只剩下街上的一线天。这里是富家的居住区。工人们的小茅屋是在市镇的郊外。

有几个工人停在归路经过的啤酒店前和朋友们喝一杯啤酒，或一杯以椰树叶制成的更强烈的饮料。可是这书记生，纳昔苏亚门（Nsisuamon），今晚没有停留在任何啤酒店前。他悲愁地回到家中。到下一个发工钱的日期还要十天，可是他早已用完了他以前的工钱。他家中已没有剩余的面包、谷物或油，也没有谁可以借给他。他想着某几个书记生却有广大的乡村别墅和美丽的城市住宅。例如书记生那默德（Nahmut），他管理着王家仓库。人家说他偷窃了不少，现在已成了城中最富的人了。诚实人似乎是应该饿死的！

纳昔苏亚门记起了他离开学校以后的七年。七年的贫乏与穷困！这不是他在学校时候人家所预言的他的未来。同级的学生都没有纳昔苏亚门能干。他的阅读和书写比别人都快。在计算也没有人能胜过他。他能够逐字背出算学和几何的全部书籍，那书的第一页上印着这样的话：“这是理解朦胧现象和神秘事物的工具。”

计算分一百个面包给五个人，使其中两个人所得的比其他三个人多七倍，——这计算以纳昔苏亚门做得最好。现在想起来不仅教科书中的面包是不公平地分配的，实际生活也正是这样。可怜的纳昔苏亚门没有幸运做那多获得七倍的人。

可是纳昔苏亚门并没有多想这忧愁的念头。他还年轻而康健，他的两个肩上有着一个好的头脑。为什么他要失望呢？的确，他的生活的开始是不很幸运，可是迟早人们总会认识他的干才，那时候，生活就完全不同了！

他开心地走向他的破茅屋，在那里他的爱妻和他们的六岁的儿子在等待着他。他的六岁的儿子将进学校了，也是预备去学习书记生的。他的小手已经能够在纸草上画出粗笨的曲线和弯钩了。

第三章

PART 3

蜡的书

蜡烛——这是我们大家都知道的东西。一本蜡书在今日却是一件稀奇的东西。一本可以溶成牛油似的东西的书，比之我们已听到了的砖书或带书更是奇异。很少有人知道，这种罗马人所发明的蜡书一直到前一世纪之初，即一直到法国大革命的时候，还被人们应用着。

诸位看了下面的一个图就知道蜡书的样子了。它是以和我们的笔记簿差不多大小的几块小板制成的。每一块板在中心挖去一个长方形的地位以盛蜡，蜡有黄色的或黑色的。内侧的两角凿有小孔，以绳穿过把几片小板结成一册小书。第一块和最后一块板的表面上没有蜡，这样在全书合起的时候不致有擦毁内面小板上文字的危险。

在这种蜡书上怎样写字的呢？当然不用墨水。用的是一个小铜棒，名为“蜡板针笔”（Stylus）。它的一端是尖的，另一端是圆的。他们在写字，或者应当说是刮字的时候，用尖的一端书写，而用圆的一端作为磨消文字的工具。这是我

蜡书

们橡皮的一个祖先。

蜡板是很便宜的，因此被用作备忘录、笔记、计算等。从埃及输入罗马的珍贵纸草只用作书籍。

蜡板还有一个好处，就是可以在长久的期间内使用。罗马人在蜡板上写了一封信送出之后，他常常把这蜡板仍旧收回，在收回的时候复信已经写在上面了。一块蜡板可以写无数次，把针笔的圆头磨去了字迹，又可以重写了。

“多用几次针笔的圆头！”这是那时候给青年们的教训。我们现在仍旧说书法好的人为有好的Style，虽然Stylus久已不用作书写工具了。

蜡易于磨平，这不一定是好事。往往重要而秘密的信件，在递送的中途被送信人把内容完全磨掉了。为了避免这种事情，人们有时在原信上面再加上一层蜡，在这外加的蜡上写些无意义的寒暄话，例如："别来无恙乎？暇乞过我同餐。"等等。拿到了这信的人必须小心地把表面的一层蜡除去而阅读内中的真正书信。换言之，那时的信和房屋一样可以有一层或两层的。

拉丁字刻在石头上时是挺直而整齐，写在纸草上时稍稍带了一些弯曲，到了蜡上就变成难于认识的草书了。只有通达古文书学的学者能读蜡书的罗马文。我们普通人看了这些弯和钩是莫名其妙的。

你可以自己试做一块蜡板，在上面写几个字。这样你就会知道在蜡上写字是十分难于正确的，尤其是在写得快的时候。

到了发明铅笔和廉价纸张的时候，我们才能不用蜡板。不多几百年前每一个学童都在他的带子上挂着一块蜡板。大量的这种学童用的蜡板在鲁伯克（Lübeck）城中圣詹姆士教堂（Church of St. James）的沟渠内曾经发现过。那里还发现了许多针笔，几柄磨刮羊皮纸的小刀，和教师用来鞭责学生膝盖的棒。诸位一定知道那时候对于学生是常加无情鞭责的。所以人们不说"我到学校里去"，而说"我去受鞭责"。

一本几千年前用拉丁文写的书中记载着几个学生和他们

教师的会话。

学生："我们孩子们请求你，我们的教师，教我们说正确的拉丁语，因为我们知识缺乏，不能给它说得好。"

教师："你们要我在教你们的时候鞭打你们吗？"

学生："与其无知不如受鞭打而得学问。"

会话如此地继续下去。

诸位可以想象那时候的学生，交腿而坐，把他的蜡板放在膝上。他左手拿板，右手把教师口授的话记下来。

不仅学童用蜡板，僧侣们用它记下教会仪式的顺序，诗人用它写诗，商人用它记账，宫廷中的公子们用它写情书给少女，或用它向人家挑战决斗。有的人的板是用劣等木料做成，上面包着皮革使之耐久，内中是污秽的蜡和脂肪。有的人却有美丽木料的上等板，还有用象牙制成的非常雅致的板。13世纪时候的巴黎甚至有一家专门制造写字板的店。

这无数的板现在到哪里去了？它们早已被烧毁或被抛弃到垃圾堆里，如同我们处理废纸一般。一块两千年前罗马人写过字的板现在要卖多少钱呵！可是很少罗马时代的板流传下来。我们发现的大都是在彭湃城（Pompeii）的银行家加昔里斯·求肯特斯（Caecilius Jucundus）的家中的。这个城和它的邻镇何可仑纳（Herculaneum）在两千年前一次佛苏费（Vesuvius）火山喷火的时候都给烟灰埋没了。假如没有这一次火山的爆裂，这些蜡板将不复传至今日。我们现在只保存着一共二十四卷罗马时代的纸草卷，它们是在何可仑纳的灰烬中的。灾难固然可怕，但与时间的破坏相比，却是不足道的了——时间把人类事迹的记忆也能消灭掉，不留一些例外，正如针笔磨平了蜡板上的文字一样。

PART 4

第四章

革的书

当纸草正享盛誉的时候，一个有力的敌人出现了——羊皮纸。在最古的时候游牧民族就用野兽的皮革写字。可是以革制成羊皮纸——一种书写材料——是在人们知道了适当鞣革之后。发生的经过据说是如此的：

埃及亚历山大利亚城中有一个有名的图书馆，其中收藏着约近百万卷纸草卷。多利买（Ptolemy）朝的埃及王对于这一图书馆的扩充最感兴味。亚历山大图书馆在许多年间是世界第一。可是其后另一图书馆颇有后来居上之势，那便是小亚细亚白加孟城（Pergamos）的图书馆，这时临朝的埃及王决心要用无理的手段对这一图书馆加以报复。他命令停止一切输至亚细亚的纸草贸易。

白加孟的王为了应付此事起见遂命令全国最精练的制革匠人以羊皮制成写字材料以代纸草。自此以后，白加孟城遂在多年之间成为全世界羊皮纸的主要出产地。羊皮纸比纸草有许多优点。它易于切开，因为不怕纤维分裂，并且可以折叠不致破裂。最初没有注意到这些优点，人们仍旧把它卷起如同纸草一样。可是不久他们就注意到羊皮纸可以折叠成双页，装订成册。这样，真正的散页合订的最古的书出现了。

起初他们把羊或牛的皮浸在水中使之柔软。于是他们用刀把肉刮净，把皮放入含有灰的水中。灰能使毛变软，易于用刀刮去。然后用白粉擦皮，用轻石磨光，结果得到一张薄而黄色的皮，两面同样洁净而光滑。愈薄的羊皮纸愈是珍贵，他们的最优良的羊皮纸薄到一卷可以纳入一胡桃壳中。西西罗（Cicero）即罗马的有名演说家，讲到他看见过有一小卷羊皮纸中间书写者《依里亚德》三十四章的文字。

皮的毛边切去后，成为一大张羊皮纸。每张折叠两次成为四小页，若干张这种的“四开纸”合订成一册书。其后他们又把皮四折、八折，或十六折，成为大小不同的书，比原来纸张的大小为四分之一、八分之一，或十六分之一。

人们渐渐在羊皮纸的两面写字，不仅如以前在纸草上那样只写一面。这也是一个大优点。可是虽然有这些优点，却经过了很长久的时期羊皮纸才完全代替了纸草。羊皮纸是用以抄写文章的清洁原稿的，等到原稿送进书商的店里，就用纸草卷抄写。这样，一个作者的作品从蜡板到羊皮纸，又从羊皮纸到纸草，最后以纸草卷的形式到达读者的面前。

埃及工厂中对于纸草的制造渐渐减少了。埃及被亚拉伯人征服之后，纸草对欧洲诸国的输入完全停止。于是羊皮纸遂获全胜。

可是这并不是一个很荣誉的胜利。大罗马帝国在几百年前已经被北方东来的半开化民族所破灭。连续的战争摧毁了富饶的罗马城。不仅是受过教育的人，便是勉强能阅读的人也一年一年地减少。在羊皮纸成为唯一书写材料的时候，已经只有很少几个学者能够书写了。

罗马书商抄写书籍的工作室早已关闭了。只有在深山荒谷中寺院里还偶然可以找到一个为了拯救自己灵魂而抄书籍的僧侣。下面的图中，一个僧侣辛苦地坐在一间小室中的高背椅上，抄写圣色巴斯丹（St. Sebastian）的传记。他不须着急。他把每一个字细心地、正确地书写，不怕书写时候时时把笔离开纸张的麻烦。他用一支芦笔或羽毛笔，在一端削尖

抄写圣色巴斯丹传记的僧人

并裂开。这时候鹅羽或乌鸦羽制成的笔渐渐成为普通了。

这时候的墨水与罗马人及埃及人用的也不同了。一种特殊的羊皮纸墨水已发明，它能深入皮中使之不能擦去。它的制法——今日还是如此——是以五倍子汁、绿矾和树脂或胶合成的。

五倍子有时称为“墨水果”，有人以为它是墨水树上生的果实。但事实上并没有墨水树那样东西。“墨水果”并不是一种果实，而是和人身上的疹疮相像，常常生在橡树的皮、叶或根上的东西。它的汁和绿矾溶液合了起来（把铁溶解在硫酸中就得到的那美丽的结晶体）就成了一种黑色的酸类，再加胶使之有黏性。

这里是一张制造墨水的处方，保存在一本造纸初发明时的古俄罗斯记录中的。

> 把墨水果浸入莱因（Rhine）酒中，在日光下或火炉上。然后用手巾滤过这黄色液体，绞那墨水果。把它装进瓶中，加混合面粉的绿矾，置放于温暖地方经过几天，时时用匙掏和，这样结果就得优良的墨水。
>
> 假如在写字觉得水太淡，再加一些粉状树脂使之增浓，这样你就可以随心所欲地书写。

这种古代的墨水和我们的墨水有一个奇异的不同之点。他们在书写的时候，墨色是极其淡的，要过了许久才变黑。

我们的墨水就进步了，因为我们加了一些染料进去，所以写字的人也可以看清，不仅是读书的人可以看出。

讲着墨水，我们竟把那僧侣忘记了，他在写字之先，要小心地把纸画格子。他用的是铅棒——我们的“铅笔”的老祖宗。他先画一条纵线以分清边缘，再轻轻横画行格使他的字行正直。他的铅只画出很淡的记号，但对于画格已是足够的了。其次，他祷告，然后开始书写。如其他能画图，他先画一个大写的字母，这是首句首字的第一字母。他画两个斗鸡的图以代简单的S。有的书记生把每章首字都画成装饰图画。有时他们画成奇异的怪物：人头的狮子，鱼尾的鸟，和各种的寓言动物。这些装饰字母不一定是用黑色写，而往往用红、绿和蓝色写。最普通的是红色。俄罗斯人至今还叫每节第一行为“红行”，虽然现在他们的书全部是以同一颜色印的。

此外还有一个不同之点：我们把第一行缩进边缘书写。中世时代的书记生却相反，他们把第一行伸出其他字行之外。换言之，第一行比别行较长，不是较短。

画了第一字之后，如其他不能画就留个空白（以后让别人来画），僧侣就缓缓一行一行抄写。他不匆忙，因为他怕错误。那时候一切的书都用拉丁文写，

可是很少精通拉丁文的人。抄写不懂的文字当然很容易有错误。事实上，中世抄本的错误是非常多的。

抄写者把文字写得甚密。羊皮纸价高，他必须省简些。因为做成一厚本小羊皮纸的书要用一群的小羊呢。有时虔敬的在家人赠送羊皮纸给寺院——例如劫掠得了大量金银的武士，海外平安归来的商人，特来向寺院尊神圣色巴斯丹祈祷的地主等。不过这是难得有的事情。为了经济地位起见，书记生往往把许多字缩写：例如，People写成ppl，Jerusalem写成Jm。

这样一周一月继续工作下去，要抄写成一本五百页的书至少要一年。他的背由于弯屈过久而致病，他的疲乏的眼流泪，可是这位老年人还不休息。因为当他抄写着的时候，圣色巴斯丹从天上看下，数着这僧人用芦笔已写了几个字，看着他和耕田那样在纸上已耕了几行。每写一个鲜明的字就是获得一罪的赦免。这个自卑的僧人有无数的罪过负在身上。假如他不勤于祈祷，他就会入地狱，会入火坑——直至魔鬼的爪中。

一小时、两小时地过去。他想休息一会，伸一伸他的腰，可是这是魔鬼在他耳后说给他听的恶念。每一个人都有许多魔鬼围绕着他。不久之前有一个僧人说，另一个僧人告诉他，他亲眼看见一群鼠嘴长尾的魔鬼。这些魔鬼是专以扰乱虔诚的工作为事的——例如推动他的手，打翻墨水壶，在纸的正中旋转跳舞。

最后，书写成了。和尚亨杜芹纳（Hundoginus）亲切地看着那如同满开鲜花的田园一样的书页。鲜明的红色和蓝色的字写在一页一页的纸上。这册书费去了多少工作呵！有多少次，在不能入睡的晚上，同胞亨杜芹纳从他的坚硬的床上爬起，燃起他的烛，坐下工作。风从挂在小窗前的窗帘吹进，有人在寺院坟场上叹息哀鸣，他的鹅羽笔啾啾地作声，这样一行一行地在黄色的羊皮纸上写过。当他的末日到来，当魔鬼和圣彼得争这个罪孽深重的僧人的灵魂时，所有这些不眠的夜晚，这些字行，将被计算作为他的功德。

亨杜芹纳最后一次把笔浸入墨水中，写道：

> 光荣的殉教者，记着这有罪的僧人亨杜芹纳，他已经把你的伟大奇迹的故事写入这本书。请你帮助我进入天国，使我免于罪恶的刑罚。

数世纪后，有雇用的抄写生，他们也是属于某种僧职的人员，那时候抄写生常常在抄完一本书后写几行关于他们自己的话。他们也认抄写为一种虔敬的工作，可是同时并不忘记要求世俗的酬报，即工作的工钱。下面是一个诚敬的老人在抄完一书之后写的话：

基督诞生后1745年，圣汤姆士（St. Thomas）假日后第十二日，齐利黑（Zurich）城市民李乞登斯丹（Lichtenstein）的约翰斯·何弗（Johannes Herver）写这本祈祷书。这工作是受了我的和尚马丁（Martin）的主人，即富斯那黑（Fussnach）的公安官的命令而做的，目的是拯救他的父母和家族以及市民们的灵魂，这本祈祷书的价格是五十二个金币。求上帝赐予抄写人。

有的书记生在书的结尾写着痛快的对句，如：

现在书已抄完！没有别的可写了！
现在付给抄写人工钱吧！

或者说，

书成了！我想，现在是给一些钱
给书记生去喝酒的时候了！

一本古的羊皮纸书是怎样的一个样子呢？普通是外面包着皮，内面贴着布，两枚厚纸封面，大而且重的一册。背面还加上铜的饰物使之坚固。这样看来不像一本书而像一口柜。它有铜扣或锁，这使这笨重的书不致弯曲。

此外还有以美丽的锦绣的精美软革或丝绒做成的贵重装订，饰以镶嵌宝石的金银带及纽扣。王及王子用的豪华书籍，不仅是书面，便是每一页都是闪耀着金银和宝石。有几本流传下来的书籍是以染成紫色的羊皮纸做成，字是金或银写的。久长的时间已经把灿烂的紫色变成暗紫，银也变成了黑。可是这种的书一定在那时是和晚霞的晴天一样辉煌。

一本书写美丽、装订精致的大书绝不是一人之手所能成，而是六七人的合作。一个人裁革，第二人以轻石磨光，第三人抄写正文，第四人装饰文字，第五人画小图，第六人校对，第七人装订。可是也有时僧人以一人之力取一张羊皮，不受任何人的帮助，而使之成为一本书写美丽、装饰优雅的写本。

PART 5

第五章

纸——得胜者

正如纸草到了某一时期不得不让位于羊皮纸，羊皮纸也不得不最后让位于我们所熟知的一种材料，纸。纸是中国人发明的。大约在两千年之前，当欧洲的希腊人和罗马人还是用埃及纸草写字的时候，中国人已知道了造纸的方法。

他们制纸的原料是竹的纤维、某种的草和旧破布。他们把原料放进一个石臼，和以水，把它磨成软浆，然后把软浆造成纸。造纸的模型是一个有竹棒和丝线底网的框子。他们倒一些软浆在这模型上，把它摇荡均匀，于是纤维结合而成一片。水自网中流出，剩下的是一张干纸。于是把它小心拿下张贴在板上晒干。干纸积成一叠，压在木制的压榨机下。中国人至今还用这手工方法制纸。

中国人是一个可敬的民族！在纸伞以至书和瓷器上，他们都表示出莫大的忍耐和巧妙。每一次我在街上看见卖灯、

中国手工造纸

扇或灯罩的中国人，我就想起这民族是欧洲一切民族的先进者，在瓷器、印刷、火药、纸等等的发明上！

经过了许多年，纸才从亚洲传到欧洲。事情是这样发生的：在704年间，亚拉伯人征服了中亚细亚的撒马尔干城（Samarkand）。于许多别的劫掠物之外，他们还带回了制纸的秘密。在亚拉伯人所征服的诸国如西西利（Sicily）、西班牙、叙利亚（Syria）等地，纸厂勃兴了起来。

经过了好几百年，纸厂才出现于欧洲。在13世纪中，德国、法国和意大利都有了这种的工厂。到诺弗哥罗城（Novgorod）也去经商的德国人带了意大利制造的纸到俄国。

可是后来俄国也有了纸厂，在离莫斯科约三十里路的康宁罗（Kanniro）村上。

这样，纸最后经过了撒马尔干、叙利亚、意大利和德国，几乎绕遍了全球，从中国到了俄国。在这旅途中造纸的原料有了改变。欧洲人开始以破麻布造纸的时候，人们不认识纸的价值。他们只用以书写不必长久保存的东西，抄书仍旧用羊皮纸。可是纸渐渐代替羊皮纸，纸的质地也渐渐改进为坚固而优良了。有人遂试以纸写书，但使之耐久起见，每隔一页夹以羊皮纸一张。再过一百年后，羊皮纸的书遂成了罕有之物了。

事情是必然如此的。现在不是和从前一样只有僧侣受教育了，学校或大学在什么地方都勃兴了起来。有知识欲的青年们云集到大学市里去。在巴黎、赛因（Seine）河的左岸，学生们占据了一个整区地方，那儿直到现在还是叫着“拉丁区”。这些喧哗、愉快、肚子常是觉得饿的人们都需要书和笔记簿。穷学生哪能买得起羊皮纸呢？所以只好以廉价的纸书供给我们的青年学子了。

这时候写的书不仅是虔诚的僧侣了，快乐而活泼的学生们也做同样的工作。学生不注意字迹的美丽和正确，他们常常把第一字母装饰成丑陋的面孔，滑稽地伸出了舌头，或者画成大肚子的小动物以隐讽他们的教授们。他们对于书籍没有尊敬。在课本的边缘上他们画难看的人头，在下面写着

抄书的学生

“胡说”“不通”“造谎”等等骂人的话。看上面这幅图！他坐在家里的小屋顶室中，不停地写着。他面前有一个角状墨水壶，放在桌子的一个洞中，一盏出烟的油灯，几支鹅毛笔。虽是在深秋，室中也无炉火。前夜这学生试赴河边停着的货舟上去偷窃几块木头，可是给守夜的人捉住了，饱受了一顿打。他家里所剩下来可吃的东西只有一块陈腐了的面包壳和一瓶水。

他的样子也像一个消瘦褴褛的僧人。他的剃去了头发的头——削发——表示他已经在初级学校卒业了。可是除削发之外他并不和僧人相同。脸上的伤痕表示了他不久之前曾与人决斗，或许是与什么鞋店里工人打了架。

学生的生活是艰苦的。最初，在寺院学校里受鞭挞，戒尺打折了指关节，受尽各种各样的打责。此后，飘游全国各庄户做巡回教师。有时他得着一些酬报，可是更多的时候是饿着肚子的。晚上睡在路旁的水沟里，或者从农夫的茅屋里偷一只睡着的鸡。其后在钟楼里住六个月，管理假期鸣钟召唤人们进教室。最后到大都市，到大学，他的同乡们来和他接近，给他起“长教王”的绰号，和他对于任何学术问题作激烈的辩论、饮宴与决斗。最痛苦的事是他袋中向无一文。他有时要为邻居的人们做一些小工作，如抄写一篇祷文或圣诗。

哥登堡印他的第一本书

这些经过的事情在他脑中接连地想起。他的手慢慢地在纸上移过。他的头垂至桌上，鼾声代替了笔在纸上摩擦的声音。小灯吐着烟，烟灰熏黑了屋子的壁。无礼的耗子们在室中奔走，在墙角啾啾地叫，它们都看中了那一块面包壳——这学生下一次的粮食。可是他什么也不听见。他梦着他希望明年能戴着一顶学士圆帽。

大约在这相同的时候，在德国的梅因治（Mainz）城中哥登堡（Johann Gensfleisch Gutenberg）正在看着他刚印好的第一本书——印刷机所印的第一本书。的确，它没有大写字母。这需要一个有经验的抄写生去填补进去。可是全书的其他部分都是以印刷机印的。文字的形式和排法，都和抄写生所抄写的无异。不过一看之下总能分别其不同之处。清晰的黑字母笔直地站着，几乎像阅兵时候的军队。过了几百年之后，一本抄写书也没有遗留下来了。书籍复由穷学生或虔诚的僧侣抄写等，而由钢的巨人——印刷机印刷了。

印刷的发明，增加了纸的需要。每年从印刷所运赴书店去的书不断地增加。最后制纸的破布不足应用了。必须有其他的材料代替，经过了多次的试验，他们发现了纸可以用木制。这样就只有高等的纸还是用破布制造，一切我们的日用纸、新闻纸及包皮纸都以木料制造了。

纸与破布或木料在表面上一些也不像，可是其实两者有极相似之处。试细看断了的火柴和布中抽出的纱，你可以看见他们含有很细的纤维，纸便是以这种纤维制成的。撕下一小块纸在光亮处看它的边，你就明白了。

造纸的时候，需要打软并分解破布及木头成为散开的纤维，除去一切树脂、油脂及尘灰，于是把纤维做成薄而匀的一层——一张纸。制造的手续是怎样的呢？让我们从头说起，某家的主妇把陈旧的破衣丢掉一件。第二天一个拾破布的走到院子里来拾了去。他把他所收集起来的破布统统送到栈房。在这里他们把破布分类，麻布和麻布放在一起，棉布和棉布放在一起，混合的破布另放一起。于是把它装包送到工厂里。

到了工厂，第一小心地把破布蒸过，以杀死各种病菌。因为破布的来源是很复杂的，有的来自污秽的地窖，有的来自病院，有的来自垃圾堆。此后，把它曝干，把灰尘扑净。工厂中有特殊的机器，可以每日清洁几千磅的破布。假如用手和棒来使它清洁，灰尘要冲天成云的。洁净了的破布放进切碎机，切成小块。其次是除去一切的附着物。把破布放进一个大锅，和以灰汁或石灰相煮，最后在特殊的机器里漂白并磨碎成为浆。

现在工作已完成了一半，破布已成为细碎纤维的浆了。最难的一部分工作尚未开始，即是把纸浆做成纸。这是大机器做的。其实这并不是一部大机器而是许多小机器，纸浆从一端进去，变了制成的纸从另一端出来。最初纸浆进入一个沙箱——有筛底的箱子，纸浆经过这箱子的时候，其中含有的沙粒都沉淀在箱底。于是纸浆再到一个滤结器中去——是一个有孔的鼓形筒，那是不断地摇动的。结节和块都留在鼓形筒中，只有清洁的纸浆经过细孔到一个网里去。这种网叫我们想起中国人手工厂里所见的网。这网不是用手摇的，是像一条拉紧的带子张在两根滚轴上，连续不断地带了纸浆转向前去。

湿的纸片最后经过网到一条布中，由这条布带到许多滚轴之间，有的滚轴挤去水分，有的滚轴中间通过热的蒸汽，用以干燥尚带潮湿的纸。最后用刀把纸切成我们所要的大小。

或许诸位听着这制纸的谈话已感厌烦了。可是诸位如其亲自看见造纸，一定不会感觉厌烦，试想一部机器在一所大屋子里由一端到另一端展开着，看去几乎瞧不见工人，可是机器却以最高速率永远不停地工作着。有的机器每天可以生产二十万磅以上的纸。那样机器上的网每天所走的路和伦敦到伯明翰（Birmingham）一样地远。

木造的纸是用同样方法做的，唯一的不同是最初一部分工作。木料是和破布不同，需要不同的机器和不同的方法以分解它的纤维，并除去不需要的成分。我们开始从第一步讲起。杉树生长在森林中，在冬天人们把它锯下来，研去它的青枝和尖的树梢，把它沿着冰滑的路拖到河里去。春天来了，冰在河里融化了。木头由小河流到大河，在大河里他们把木头做成木筏，快乐的撑船人站在上面把它顺流下去，一天一天地过去。到了可以看见造纸厂大烟囱的地方，把木料从水里拖上来堆在岸边。

这里，木料开始受难了，他们先剥去树皮，砍碎树干成许多木块，其次用筛子筛过，最后加以蒸煮。木料是不能如破布那样可以在咸水里煮烂，需要加一点酸。其次把木料漂白，分裂了纤维，除去树的结疤，最后到大机器的网里。如此再经过了许多机器，结果杉树就变成纸了。

我们的纸有许多优点，可是也有一个缺点，就是不很耐久，这是因为经过漂白的缘故。他们把它放在富有腐蚀性石灰酸的溶液中漂白。纸除非是纯以破布做的，否则任何纸张总渐渐会变脆泛黄。我们的书能传留至几千年后的人们吗？或许中世纪僧人的羊皮纸抄本，比我们印刷最良书还要保留得久远些。

我们的纸和古代印刷书的纸完全不同。我们的笔和古代的笔更是差异得多。我们只保留着从前的名字，这是常有的事。文字代表的实物能保存更久的时期。例如“笔刀”在现在不用为制笔的工具了。六年前（1926）是钢笔的百年纪念。在1826年马逊（Mason）发明一种制笔尖的机器。这种钢笔尖立刻就应用很广，把以前服务人类几千百年的羽毛笔排挤掉。

想到我们的曾祖父辈还是用羽毛笔写字这件事，似乎有些奇怪。在伦敦弗里特街（Fleet Street），不久之前还有许多伙计从早至晚忙着做笔给法庭用。这是一种很麻烦的工作，需要长期的熟练。笔尖要以适当的斜面削成、磨尖、分裂。这比削铅笔要难得多。在钢笔发明不久之前，有一个发明者以一个小鹅毛笔尖，装进一支笔杆里。这样，笔杆的发明是在钢笔发明之前，不是像我们所想象的那样同时发明的。

铅笔比钢笔早发明一百年。法人约克·康德（Jacques Conté）是最早混合石墨和黏土以制铅笔的人。黏土的加入是使得铅笔不易碎。把石墨压成小棒状放在木条的凹槽里，另取一同样的凹槽合在上面，把两片木条胶合起来。再把它放进一架削刨机器，切成六支铅笔。剩下的工作，是磨光与装盒。

或许铅笔和钢笔不会像它们的祖先——蜡板针笔和羽毛笔——那样应用长久。打字机已经把铅笔从社会的团体中驱逐出去了。我想不久每一个学生都会带一架小打字机在他的衣袋里。

鹅毛笔

第六章

书的命运

一句拉丁俗语说："每本书都有它的命运。"书的命运往往比人的命运还要离奇。例如希腊诗人阿尔克门（Alcman）的著作，这一纸革卷的流传下来，是非常离奇的事，要不是埋葬在地下，它就毁灭了不知几久了。它是真的埋葬在地下和人一样。古代埃及的风俗，在香料涂好的死尸上同时放进他的文章和书籍到坟墓中去。几千年前诗人的书信、书籍和诗，都是在尸体底下埋藏着流传下来到今日的。

埃及坟墓中保存了许多图书馆所不能保存的书。埃及的最大图书馆，即亚历山大图书馆，是在亚历山大利亚城被恺

撒（Julius Caesar）的军队占领时烧毁的。几多珍奇的手抄本，在这万卷书中同时一炬！剩下来给我们的只是一些图书目录的断章零篇。那许多曾使读者泣笑的书，今日只剩下一个目录，正如遗忘了的古人，只剩下墓碑上的名字一样。

更奇怪的是那些因为有人要毁灭它反而使之保存下来的书的命运。或者应当说，他们只是想毁灭所写的文字，不是毁灭书的本身。在中世纪，羊皮纸是很贵的，他们常常用力把原文刮去，把宗教圣徒的传记写在原来写着希腊诗或罗马历史的书上。有许多人是以刮书即毁灭书籍为专门工作的。许多书籍都将被毁灭于这班刽子手之中，倘若我们没有在现代发现一种复原既毁书籍的方法。这种书籍谓之后誊的羊皮书。

书的毁灭

墨水很深的印入羊皮纸中，任何磨刮也不能把原文的痕迹完全去掉。假如把这些手抄本浸入某一种化学药品中，红的或蓝的原文，会重在表面上现出来。但是我们对于这事不必太高兴，因为常常用了这种方法后，手抄本就很快地变黑，到后来原文模糊不能辨认。用槲树汁中酸液以复现复誊本，就会发生这样结果。许多大图书馆里保留着这遭受两次死刑的手抄本。

据说有一个学者，为了隐藏他自己翻译的错误，故意在复现复誊本的时候把手抄本毁坏。

代替树皮酸的新发明的东西，能使原来的文字在短时间内表现出来。当原文显露的时候，赶快拍下照来重新洗去酸质。据最近的报告，重誊书籍中显而不见的文字，可以不用化学方法而拍照了。

书固然有敌人，但也有朋友们，他们在埃及坟墓里，在何可伦纳及彭湃的灰烬里，在僧院的案卷里，找

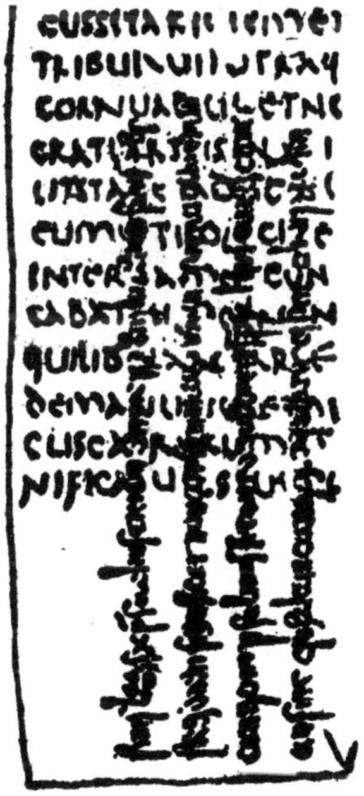

重叠书写的手抄本

那里藏着最古的拉丁手抄本

寻古籍。一个有趣味的故事讲到一个这样的古书爱好者马菲（Scipio Maffei）发现佛罗那（Verona）图书馆的经过。

我们对于佛罗那图书馆所知道的事情只有马菲生前许多年的佛罗那旅行者们游记中的记载。他们说这图书馆中藏着许多珍贵拉丁抄本。马菲对于这图书馆仅知道曾有两个有名的学者，马壁仑（Mabillon）和蒙特茀康（Montfaucon）去找寻而没有能找到。马菲不因他们的失败而畏缩，虽然他不是一个有学问的考古学家和手抄本的赏鉴家，他却热心要做这找寻的工作。最后他在上述两学者曾到过而未能发现的地方找到了这图书馆——即是在佛罗那僧院的图书馆中。那些书不是在图书馆的书橱中，而且马菲之前没有一人想到攀登长梯去看书橱顶上的情形。在这顶上，那些宝贵的手抄本在尘埃中杂乱地已放置着不知多少年代了。马菲愉快得几乎昏倒。那里藏着的就是最古的拉丁手抄本呵！

将来我还要写一本书讲书的遭难，讲亚历山大利亚城图书馆付之一炬时所烧毁的书，讲僧院图书馆中失掉的书，讲裁判异教时所烧毁的书，讲战争时毁灭掉的书。

在结束这最后一章的时候，我对于仅以这样简单的谈话来叙述像书那样伟大的事物，表示遗憾。

（书的故事终）